DAS ZUCKERSTREUSEL BACKBUCH

Happy Birth day

DAS ZUCKER STREUSEL BACKBUCH

SÜSSE BACKIDEEN MIT ZUCKER-,
SCHOKO- UND KROKANTSTREUSELN

JENNY KÜHN

Klar
teile ich meinen
Donut mit dir
Du kriegst
die
Mitte.
Happy
Birth
day
Ich kann
NICHT WASSER
in Wein
VERWANDELN ABER
DONUTS IN
FRÜHSTÜCK

Waffeln
MIT STIL
Waffeln
MIT STIL
Waffeln
MIT STIL
Waffeln
MIT STIL

VORWORT

Wer liebt Sie nicht. Die Streusel auf Kuchen, Cupcakes, Eis, Keksen oder sogar pur ganz heimlich aus der Packung stibitzt. Die Streusel Beliebtheit hat in den letzten Jahren unheimlich zugenommen und in den Supermarktregalen nehmen sie immer mehr Platz ein. Sogar als Geschenkidee kommen Streusel super an. Sie passen einfach auf jedes Gebäck, verleihen ihm das gewisse etwas und peppen selbst den einfachen Marmorkuchen auf. Mit den perfekten Streuseln ist man für jedes Party-Motto bestens vorbereitet.

Tauch ein in die bunte Welt der verschiedenen Streusel-Arten aus Zucker, Schokolade, Krokant und mehr und lass dich verzaubern. Es erwarten dich vielfältige und kreative Rezepte!
Für viele Rezepte gibt es als besonderes Extra Papiervorlagen zum Download, zum Beispiel Geschenkschachteln, Anhänger, Kuchen Topper und vieles mehr.
Wie und wo Du sie herunterladen kannst erfährst Du im Impressum auf Seite 108.

Viel Spaß beim Nachbacken,

INHALTSVERZEICHNIS

PICKERD
Schoko-Blättchen
Zucker-Perlchen
Zucker-Einhörner
Elfen-Perlchen
Silberperlen -soft-
Goldperlen -soft-
Schokolade-Streusel
Drachen-Perlchen
BLACK MINI
COOKIES
Zucker-Einhörner & -Regenbögen
Zucker-Streusel
SALTED
CARAMEL

DIE STREUSEL IN DIESEM BUCH

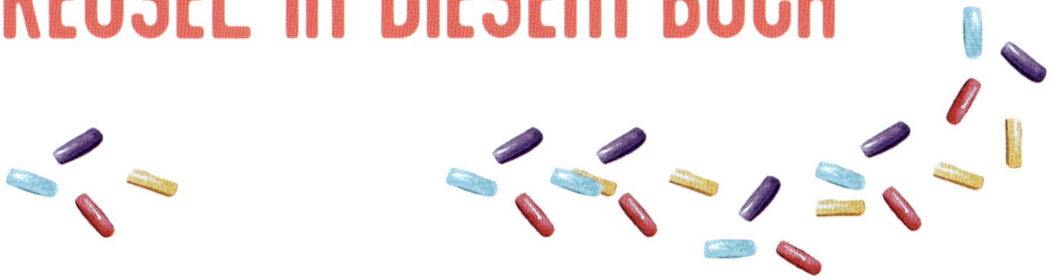

Ganz klar! Zuckerstreusel peppen einfach jedes Gebäck auf und verleihen ihm das Gewisse etwas.

Am liebsten arbeite ich mit den bunten Lieblingsstreuseln, bei denen verschiedene Streuselformen zusammenkommen. Aber auch die edlen Goldperlen, Silberperlen und Permuttperlen passen fast immer. Die Goldperlen sind elegant und werden nie langweilig. Die silbernen Perlen sind cool und peppig zugleich und strahlen sofort auf dem Gebäck. Die Perlmuttfarben sind ideal für Mädchen-Torten und bringen eine schöne Zartheit mit. Und da es keine harten Zuckerperlen sind, braucht man keine Sorge vor eventuellem Zahn-Weh haben.

Die kleinen Zucker-Einhörner, Mini-Kekse in Form von Lebkuchenmännchen, Zucker-Herzen, Mini-Marshmallows und Mini-Butterkekse gehören zu meinen Lieblingen. Sie sind einfach süß und immer ein Hingucker, egal ob bei großen oder kleinen Backwerken.

Die ganzen kleinen Zucker-Perlchen und auch Zuckerstreusel sind so individuell einsetzbar, wie z.B. auf kleinem Gebäck, sowie auch auf Eis und Dessert. Außerdem kann man sie im Teig bis 160°C mit backen.

Das Geniale an den Zuckerstreuseln ist, dass auch ein fertig gekaufter Kuchen damit aufgepimpt werden kann. Besonders, wenn es mal schnell gehen soll. Einfach den Kuchen auf eine schöne Tortenplatte setzen, mit Sahne oder Schokoladenglasur verzieren und einfach drauf los Streuseln. Das Ergebnis wird jeder lieben und jedes Kuchenherz hüpfen lassen. Mit minimalem Aufwand einen absoluten WOW Effekt durch Zuckerstreusel erzielen. Ja das Geht!

WENN DAS
Leben dir
Zitronen
gibt, dann backe
Kuchen
draus.

HAPPY
BIRTH
DAY

KLASSIKER
NEU INTERPRETIERT

BUNTER KÄSEKUCHEN AM STIL

ZUTATEN

Für Springform Ø 26 cm, 12 Stück

FÜR DEN BODEN

- 330 g Mehl
- 100 g Zucker
- 1 Ei
- 1 Prise Salz
- 1 TL Vanille-Paste

FÜR DIE FÜLLUNG

1000 g Magerquark
200 g Schmand
500 g Mascarpone
200 g Zucker
1 TL Vanille-Paste
1 Pck. Vanillepudding Pulver
5 Eier

DEKORATION

versch. Schokoladenglasuren, je 50 g

- Edelbitter-Glasur
- Vollmilchglasur
- Vanilleglasur
- Streusel je nach Geschmack,
- je 20 g
- Elfen-Perlchen
- Mini-Butterkekse
- Mini Marshmallows bunt
- Zucker-Einhörner
- Zucker-Herzen
- Drachen-Perlchen
- Perlmuttperlen – soft
- Silberperlen – soft
- Haselnuss-Krokant
- Black - Mini Cookies

1 Den Backofen auf 160°C (Umluft) oder 180°C (Ober- und Unterhitze) vorheizen

2 Die Zutaten für den Boden vermengen und gut miteinander verkneten, bis der Teig weich und klebrig ist. Den Teig in einer Springform mit den Händen gleichmäßig verteilen und dabei den Teig auch hoch am Rand entlang festdrücken.

3 Alle Zutaten für die Füllung miteinander verrühren, bis eine schöne gleichmäßige Creme entstanden ist. Die Füllung auf den Boden gießen und die Oberfläche glattstreichen. Darauf achten, dass der Rand etwas höher stehen bleibt als die Füllung.

4 Den Kuchen im vorgeheizten Backofen 1h 15 Minuten backen. Nach der Backzeit den Kuchen bei leicht geöffneter Backofentür 30 Minuten auskühlen lassen.

5 Den Kuchen bis zum Anschnitt und zur Dekoration für 3 Stunden in den Kühlschrank stellen. Den ausgekühlten Kuchen vorsichtig aus der Springform lösen und in 12 gleich große Tortenstücke teilen. Für die „Kuchen-am-Stiel" Optik in jedes Kuchenstück am Rand vorsichtig einen Holzstiel hineinstecken.

6 Jedes einzelne Käsekuchen Stück nach Belieben mit flüssiger Glasur und verschiedenen Streuseln dekorieren. So bekommt jeder sein ganz individuelles Käsekuchen-Stück.

SCHWARZWÄLDERKIRSCH-TIRAMISU

OHNE ALKOHOL & KAFFEE

ZUTATEN

Für Auflaufform Ø 32 cm,
20 Portionen

FÜR DAS TIRAMISU

- 1 Glas Sauerkirschen (350 g Abtropfgewicht)
- 350 g Löffelbiskuits
- 200 g Sahne
- 500 g Mascarpone
- 250 g Magerquark
- 100 g Puderzucker
- 1 TL Vanille-Paste
- 100 g Schoko-Blättchen

DEKORATION

- 450 g Schlagsahne
- 2 Pk. Sahnesteif
- 1 EL Backkakao
- 250 g frische Kirschen
- 50 g Schoko-Blättchen
- 10 g Goldperlen -soft-
- 10 g Perlmuttperlen -soft-

1 Die Kirschen abtropfen lassen und den Saft auffangen.

2 Die Sahne steif schlagen und beiseitestellen. Mascarpone, Quark, Puderzucker und Vanille-Paste miteinander glatt verrühren. Die Sahne unterheben.

3 Die Hälfte des Löffelbiskuits nacheinander in den Kirschsaft eintauchen und den Boden der Auflaufform damit auslegen.

4 Die Hälfte der Creme auf den Löffelbiskuit geben und glattstreichen. Die Hälfte der Kirschen darauf verteilen und mit Schoko-Blättchen bestreuen. Diesen Schritt ein zweites Mal wiederholen. Das Tiramisu mindestens 4 Stunden in den Kühlschrank stellen.

5 Die Sahne mit Sahnesteif steif schlagen und in einen Spritzbeutel mit Lochtülle füllen. Sahnetupfen auf das Tiramisu geben und mit Backkakao bestäuben. Mit Kirschen und Streuseln dekorieren. Bis zum Servieren im Kühlschrank lagern.

BANANA BREAD RIEGEL
MIT BRAUNER BUTTER-GLASUR

ZUTATEN
Für eine rechteckige Form
24 x 20 cm, 18 Stück

FÜR DEN TEIG
- 4 reife Bananen (ca. 315 g)
- 150 g brauner Zucker
- 120 g weiche Butter
- 150 g Joghurt
- 2 Eier
- 1 TL Vanille-Paste
- 230 g Mehl
- 30 g Haferflocken
- 1 TL Backpulver
- ¾ TL Salz

FÜR DIE GLASUR
- 6 TL Butter
- 250 g Puderzucker
- 2 TL Vanille-Paste
- 3 TL Milch

DEKORATION
- 10 g Goldperlen -soft-
- 50 g Kakao Nibs

1 Den Backofen auf 190°C (Ober- und Unterhitze) vorheizen und den Boden der Form mit Backpapier auslegen.

2 Die Bananen schälen und mit einer Gabel zerdrücken. Zu dem Bananenbrei Zucker, Butter, Eier, Joghurt und Vanille-Paste einrühren. Mehl, Haferflocken, Backpulver und Salz vermischen und kurz mit dem Löffel unter den Bananenbrei heben.

3 Den Teig in die Backform geben, glattstreichen und 30 Minuten backen. Auskühlen lassen.

4 Für die Glasur die Butter in einen Top geben und auf hoher Stufe zum Schmelzen bringen. Bei mittlerer Hitze so lange köcheln, bis der Schaum sich wieder auf dem Boden absetzt und die Butter langsam karamellisiert und eine goldbraune Farbe annimmt. Puderzucker, Vanille-Paste und Milch dazu geben und verrühren. Die Glasur in einen Spritzbeutel geben.

5 Den ausgekühlten Kuchen waagerecht durchschneiden und jeweils 9 Kuchenstreifen daraus schneiden. Die Ecke vom Spritzbeutel abschneiden und die Glasur streifenförmig auf den Kuchenstücken verteilen. Mit Streuseln dekorieren.

TIPP
Mit brauner Butter oder Nussbutter kannst du viele Speisen verfeinern. Sie entsteht, indem du Butter stark erhitzt, sodass das enthaltene Wasser verdampft und der Milchzucker karamellisiert. Dadurch bekommt die Butter feine Röstaromen und einen leicht nussigen Geschmack.

HAPPY
BIRTH
DAY

RICOTTA-HIMBEER-GUGELHUPF

EIN FRUCHTIGER TRAUM

ZUTATEN

Für Gugelhupf Backform Ø 22 cm, 12 Stück

FÜR DEN TEIG

- 320 g Zucker
- 1 TL PICKERD Zitronen-Paste
- 300 g Ricotta
- 100 g Sonnenblumenöl
- 90 g flüssige Butter
- 1 TL Vanille-Paste
- 180 g Buttermilch
- 4 Eier
- 420 g Mehl plus 2 EL
- 80 g gemahlen Mandeln
- 1 TL Salz
- 1 TL Backpulver
- 200 g Himbeeren (frisch oder TK)

DEKORATION

- weiße Schokoladenglasur „Vanille"
- Streusel-Mix „Rosa"
- 50 g frische Himbeeren

1 Den Backofen auf 180°C (Ober-/Unterhitze) vorheizen.

2 Die Backform einfetten und mit Mehl bestäuben.

3 In einer großen Schüssel mit dem Schneebesen den Zucker mit der Zitronen-Paste vermischen. Ricotta, Öl, flüssige Butter, Vanille-Paste, Buttermilch und Eier dazugeben. Das Ganze zu einer homogenen Masse verrühren.

4 Anschließend Mehl, Mandeln, Salz und Backpulver vermischen. Die trockenen Zutaten zu der flüssigen Masse geben und alles miteinander verrühren.

5 Die Himbeeren mit 2 Esslöffel Mehl vermischen und vorsichtig unter den Teig heben.

6 Den Teig in die vorbereite Backform füllen und für 1h 45 Minuten backen.

7 Nach Ende der Backzeit den Gugelhupf komplett auskühlen lassen. Erst dann vorsichtig aus der Form lösen und mit Kuchenglasur, Streuseln und frischen Himbeeren dekorieren.

TIPP

Die niedlichen Wimpel kannst Du downloaden und ausdrucken (siehe Impressum Seite 108).

ZITRONEN BAISER ROLLE
ERFRISCHEND UND GLUTENFREI

ZUTATEN
12 Portionen

FÜR DIE BAISERROLLE
- 5 Eiweiß
- ½ TL Salz
- 280 g Zucker
- 50 g Pistazien, gehackt

FÜR DAS LEMON CURD
- 150 g Zitronensaft
- 3 Eier
- 150 g Zucker
- 1 TL Stärke
- 80 g Butter

FÜR DIE CREME
- 250 g Mascarpone
- 250 g Magerquark
- 1 TL Vanille-Paste
- 30 g Puderzucker

DEKORATION
- 10 g Goldperlen -soft-
- 10 g Silberperlen -soft-
- etwas Puderzucker (optional)

1 Für das Lemon Curd Zitronensaft auspressen und zusammen mit Eiern, Zucker und Stärke in einen kleinen Topf geben und mit einem Schneebesen verrühren. Den Topf auf den Herd stellen und bei mittlerer Hitze unter ständigem Rühren mindestens 5 Minuten erhitzen. So werden Keime abgetötet. Das Lemon Curd darf nicht kochen. Nach etwa 10 Minuten sollte eine cremige Konsistenz erreicht sein. Durch ein Sieb streichen und die Butter einrühren, abkühlen lassen.

2 Den Backofen auf 180°C (Ober- und Unterhitze) vorheizen. Den Boden des Backblechs mit Backpapier auslegen.

3 Eiweiß und Salz zu Eischnee schlagen. Den Zucker langsam hinzufügen und 5–10 Minuten weiter schlagen, bis es glänzt und fest ist. Die Baisermasse auf das vorbereitete Backblech mit Backpapier streichen und mit den gehackten Pistazien betreuen.

4 Die Baiserplatte im vorgeheizten Ofen für 10 Minuten backen, den Backofen dann herunterstellen und die Platte bei 140 °C für 15–20 Minuten weiterbacken.

5 Aus dem Ofen nehmen und auf ein Geschirrtuch stürzen. Das Backpapier abziehen, die Platte mit einem sauberen Geschirrtuch abdecken und abkühlen lassen.

6 Für die Cremefüllung Mascarpone und Magerquark verühren, Vanille-Paste und Puderzucker dazu geben und unterrühren.

7 Die Baiserplatte auf der Unterseite (also die Seite ohne Pistazien) mit der Creme betreichen und auf einer kurzen Seite einen etwa 5 cm breiten Rand frei lassen. Das vollständig abgekühlte Lemon Curd darüber verteilen und die Baiserrolle vorsichtig mithilfe des Geschirrtuches aufrollen. Die Rolle nach Belieben mit Puder–zucker und Zuckerperlen bestreuen. Sofort servieren.

TIPP
Da Baiser schnell Feuchtigkeit aufzieht und matschig wird, sollte die Rolle nach dem Füllen gleich verzehrt werden.

WENN DAS
Leben dir
Zitronen
gibt, dann backe
Kuchen
draus.

Du bist süßer als Honig

MODERNER BIENENSTICH
MIT MANDELKROKANT

ZUTATEN
Für eine Springform Ø 25 cm, 12 St.

MANDELBÖDEN
- 3 Eier
- 150 g Zucker
- 1 TL Vanille-Paste
- 1 Prise Salz
- 2 TL Backpulver
- 100 ml Buttermilch
- 150 ml Sonnenblumenöl
- 175 g Mehl
- 100 g Mandeln, gemahlen

VANILLECREME
- 400 ml Milch
- 1 Pk. Puddingpulver Vanille
- 1 TL Vanille-Paste
- 75 g Zucker
- 2 Eigelb
- 100 g Butter
- 300 ml Sahne
- 1 EL Zucker
- 2 Pk. Sahnesteif

FÜR DIE MANDELFLORENTINER
- 50 g Butter
- 40 g Sahne
- 70 g Zucker
- 35 g Honig
- 60 g Mandeln, gehobelt

FÜR DAS HONIG-GELEE
- 7 g Agar Agar
- 220 ml Wasser
- 35 g Zucker
- 100 g Honig

DEKORATION
- 10 g Goldperlen -soft-
- 10 g Perlmuttperlen -soft-

1 Backofen auf 170°C (Ober- und Unterhitze) vorheizen. Den Boden der Springform mit Backpapier auslegen.

2 Für den Mandelboden Eier, Zucker, Vanille-Paste und Salz 5–10 Minuten aufschlagen. Buttermilch und Öl nacheinander einrühren.

3 Mehl und Backpulver mischen und sieben. Zur Eimasse geben und mit einem Schneebesen von Hand unterheben. Mandeln dazu geben und unterheben.

4 Teig in die vorbereitete Backform geben, 45 Minuten backen und auskühlen lassen.

5 Für die Vanillecreme den Pudding nach Packungsanleitung zubereiten. Dabei 75 g Zucker verwenden und die 2 Eigelb und Vanille-Paste einrühren. Pudding vom Herd nehmen, die Butter einrühren, dann Frischhaltefolie direkt auf den Pudding drücken, abdecken und bei Raumtemperatur abkühlen lassen.

6 Sahne mit Sahnesteif steif schlagen und in 3–4 Portionen unter die Creme heben. Die Creme auf den ausgekühlten Mandelboden geben, glatt streichen und kalt stellen.

7 Ein Backblech mit Backpapier auslegen und den Backofen auf 170°C (Ober- und Unterhitze) vorheizen. Für die Florentiner Butter, Sahne, Zucker und Honig in einen Topf geben und so lange kochen, bis die Masse hellgold ist und der Zucker sich vollständig gelöst hat. Die Mandeln dazu geben und unterrühren.

8 Die heiße Masse auf eine Hälfte des Backbleches geben, gleichmäßig verteilen und im Backofen ca. 7–10 Minuten backen. Kurz abkühlen lassen und in Quadrate schneiden.

9 Für das Honig-Gelee Agar Agar, Wasser, Zucker und Honig in einen Topf geben und 2 Minuten unter rühren sprudelnd kochen. Lauwarm abkühlen lassen , auf die Torte geben und 1 Stunde kühl stellen.

10 Die Florentiner-Quadrate fächerförmig an den Rand der Torte setzen. Mit Dekoperlen dekorieren.

PANNACOTTA-CHEESECAKE MIT MANGO UND KOKOS

DESSERT UND CHEESECAKE IN EINEM

ZUTATEN

Für eine Kastenform 32 x 7 x 13 cm, 10 Stück

FÜR DEN KEKSBODEN

- 200 g Vollkornkekse
- 15 g Kokosraspel
- 125 g flüssige Butter

FÜR DIE KOKOSCREME

- 330 g Frischkäse (Doppelrahmstufe)
- 1 TL Vanille-Paste
- 80 g Zucker
- 200 g Kokoscreme
- 15 g Agar Agar
- 80 ml Wasser

FÜR DIE MANGO-PANNACOTTA

- 260 g Dosen-Mango
- 200 g Sahne
- 40 g Zucker
- 1 Prise Salz
- 150 ml Wasser
- 15 g Agar Agar

DEKORATION

- 1 frische Mango
- 10 g Kokoschips
- 10 g Goldperlen -soft-

1 Die Kastenform mit Backpapier-Streifen auslegen.

2 Die Kekse in feine Krümel zerkleinern, z.B. in einem Multizerkleinerer oder in einen Gefrierbeutel geben und mit einem Nudelholz darüber rollen.

3 Die flüssige Butter mit den Kekskrümeln und den Kokosflocken vermischen. In die Form geben und am Boden festdrücken. Bis zur weiteren Verwendung in den Kühlschrank stellen.

4 Für die Kokoscreme Frischkäse, Vanille-Paste, Zucker und Kokosnusscreme verrühren. Agar Agar mit 80 ml Wasser nach Packungsanleitung zubereiten. Anschließend die Kokoscreme unterrühren und auf den gekühlten Keksboden gleichmäßig verstreichen. 1 Stunde kühlen.

5 Für die Mango Pannacotta die Mango, Sahne, Zucker und Salz mit einem Pürierstab pürieren. Agar Agar mit 150 ml Wasser nach Packungsanleitung zubereiten. Anschließend das Mangopüree unterrühren und auf die gekühlte Kokoscreme geben und gleichmäßig verstreichen. 1–2 Stunden kühlen.

6 Den Mango-Kokos-Pannacotta Cheesecake vorsichtig aus der Form lösen und auf eine Servierplatte legen. Eine Mango schälen, das Fruchtfleisch in dünne Streifen schneiden und aufrollen. Den Cheesecake mit den Mangoröllchen und den Kokoschips dekorieren. Als Highlight Goldperlen darauf setzen.

BUCHSTABEN-KUCHEN
GANZ INDIVIDUELL

FÜR DEN MÜRBETEIG
- 400 g Mehl
- 175 g Puderzucker
- 1 Prise Salz
- 1 Ei
- 125 g Butter
- 60 ml Milch

FÜR DIE FÜLLUNG
- 300 g Frischkäse (Doppelrahmstufe)
- 200 g Schmand
- 2 TL Vanille-Paste
- 65 g Puderzucker
- 30 g SanApart
- 4 EL Marmelade nach Geschmack

DEKORATION
- 5 g Elfen-Perlchen
- 5 g Mini-Marshmallows bunt
- 5 g Mini-Kekse Lebkuchen-männchen
- 5 g Zucker-Perlchen
- 5 g Zucker-Herzen
- 5 g Elfen-Taler
- 5 g Silberperlen -soft-
- 5 g Zucker-Einhörner
- 5 g Schokoladen-Streusel
- 5 g Goldperlen –soft-
- 5 g Mini-Butterkekse
- 5 g Black-Mini-Cookies
- 5 g Drachen-Perlchen
- 5 g Zucker-Streusel
- 5 g Perlmuttperlen -soft-

1 Einen Buchstaben auf ein A4-Blatt malen oder drucken und ausschneiden.

2 Alle Zutaten für den Keksteig in eine große Schüssel geben und solange mit den Händen oder der Küchenmaschine verkneten, bis ein geschmeidiger Teig entstanden ist. Danach den Teig in Frischhaltefolie wickeln und ca. 30 Minuten in den Kühlschrank legen.

3 Den Backofen auf 180°C (Ober- und Unterhitze) vorheizen.

4 Den Teig noch einmal kurz durchkneten und auf ein Backpapierblatt ca. 3–4 mm dick ausrollen. Die Schablone darauflegen und mit einem scharfen Messer ausschneiden. Den überschüssigen Teig entfernen. Zusammen mit dem Backpapier für mindestens 15–20 Minuten ins Gefrierfach legen und danach im vorgeheizten Ofen für etwa 20–25 Minuten, goldbraun backen. Danach komplett abkühlen lassen. Das Ganze noch einmal wiederholen, sodass zum Schluss 2 identische Buchstaben Kekse vorhanden sind.

5 Für die Füllung den Frischkäse mit dem Schmand cremig rühren. Vanille-Paste, Puderzucker und SanApart unter die Masse rühren. Die Creme in einem Spritzbeutel mit Lochtülle geben.

6 Den ersten Buchstaben-Keks auf einen Kuchenteller legen und mit einem Klecks Creme fixieren.

7 Den Keks dünn mit Marmelade bestreichen und Creme-Tupfer darauf setzen. Den zweiten Keks darauflegen und wiederholen. Kurz vor dem Servieren mit Streuseln dekorieren.

MÖHREN-BLONDIES
FÜR KAROTTEN-LIEBHABER

ZUTATEN

Für eine rechteckige Springform 36 x 24 cm, 20 Stück

FÜR DEN TEIG

- 3 Eier
- 250 ml Sonnenblumenöl
- 1 TL Vanille-Paste
- 175 g Ananas aus der Dose
- 280 g Mehl
- 240 g Zucker
- 2 TL Natron
- 1 TL Zimt
- 200 g frische Möhren, geraspelt
- 100 g Walnüsse, gehackt
- 70 g Kokosraspel

FÜR DIE GLASUR

- 300 g Frischkäse (Doppelrahmstufe)
- Saft von ½ Zitrone
- 20 g Puderzucker
- ½ TL Zimt
- 1 TL Vanille-Paste

DEKORATION

- 20 g Goldperlen -soft-
- 50 g Salted Caramel Haselnuss-Krokant

1 Den Backofen auf 190°C (Ober- und Unterhitze) vorheizen und den Boden der Form mit Backpapier auslegen.

2 Die Eier mit dem Öl und der Vanille-Paste in eine große Schüssel geben und mit einem Schneebesen verrühren. Die Ananas abtropfen lassen, grob pürieren und unter die Eimischung rühren. Mehl, Zucker, Natron und Zimt dazu geben und grob unterheben. Möhren, Walnüsse und Kokosraspeln kurz unterrühren.

3 Den Teig in die Backform geben, glatt streichen uns 35–40 Minuten backen. Auskühlen lassen.

4 Für die Frischkäseglasur alle Zutaten miteinander verrühren, auf den ausgekühlten Kuchen geben und glatt streichen. Mit Streuseln und Krokant dekorieren und servieren.

TIPP

Die schicken Topper kannst Du dir downloaden und nachbasteln (siehe Impressum Seite 108).

FROHE Ostern

REGENBOGENKUCHEN IN DER AUFLAUFFORM

ZUTATEN

Für eine rechteckige Auflaufform 35 x 25 cm, 14 Stück

FÜR DEN TEIG

- 250 g Butter
- 250 g Zucker
- 1 TL Vanille-Paste
- 1 Prise Salz
- 6 Eier
- 400 g Mehl
- 2 TL Backpulver
- 100 g Milch
- Lebensmittelfarben (gelb, rot, grün, blau)

FÜR DAS FROSTING

- 250 g Butter
- 200 g Frischkäse
- 2 TL Vanille-Paste
- 500 g Puderzucker
- Lebensmittelfarben (gelb, rot, grün, blau)

DEKORATION

- 10 g Elfen-Perlchen
- 10 g Drachen-Perlchen
- 10 g Goldperlen -soft-
- 10 g Silberperlen -soft-
- 10 g Perlmuttperlen -soft-

1 Den Backofen auf 170°C (Ober- und Unterhitze) vorheizen und die Form einfetten.

2 Butter, Zucker, Vanille und Salz hellcremig mit dem Schneebesen des Handrührgeräts oder mit der Küchenmaschine aufschlagen. Die Eier nacheinander dazu geben und einrühren. Das Mehl mit dem Backpulver mischen und abwechselnd mit der Milch zur Ei-Butter Mischung dazu geben. Den Teig in mehrere Schälchen füllen und beliebig mit Lebensmittelfarbe einfärben.

3 Den Teig in die Backform geben, glattstreichen und 40 Minuten backen. Auskühlen lassen.

4 Butter hell cremig aufschlagen, Frischkäse und Vanille-Paste einrühren und nach und nach den Puderzucker unterrühren, bis eine geschmeidige Masse entstanden ist. Die Creme in mehrere Schälchen füllen und beliebig mit Lebensmittelfarbe einfärben.

5 Die Creme in Spritzbeutel mit verschiedenen Spritztüllen füllen. Auf den ausgekühlten Kuchen verschiedene Muster spritzen und mit Streuseln dekorieren.

Klar teile ich meinen Donut mit dir
Du kriegst die Mitte.
Happy Birthday
Ich kann
NICHT WASSER

für dich
hmm

SNACKS UND FINGERFOOD

BUTTERKUCHEN-DONUTS
GEBACKEN STATT FRITTIERT

ZUTATEN
Für 24 Stück

FÜR DEN TEIG
- 42 g Hefe
- 80 g Zucker
- 2 EL warmes Wasser
- 1 Ei
- 1 TL Salz
- 500 g Mehl
- 200 ml Milch
- 80 g weiche Butter + 100 g

DEKORATION
- 150 g Edelbitterglasur
- 150 g Haselnussglasur
- 150 g Vanilleglasur
- 150 g Vollmilchglasur
- 10 g Mini-Butterkekse
- 10 g Black-Mini-Cookies
- 10 g Zucker-Herzen
- 10 g Goldperlen -soft-
- 10 g Zucker-Streusel
- 10 g Elfen-Perlchen

AUSSERDEM
Donut-Backform

1 Den Backofen auf 40°C (Ober- und Unterhitze) vorheizen und die Form einfetten.

2 Hefe mit Wasser und dem Zucker verrühren. Ei, Salz, Mehl, Milch und Butter zufügen und in 5-7 Minuten zu einem glatten, nicht klebrigen Teig kneten. Bei Bedarf noch etwas Mehl zufügen. Den Teig zu einer Kugel rollen und in einer abgedeckten Schüssel im ausgeschalteten Backofen ca. 1 Stunde gehen lassen, bis er sich verdoppelt hat.

3 Den Hefeteig aus der Form lösen und einmal kurz durchkneten. Zu einer Teigwurst formen und in 24 gleichgroße Stücke teilen. Jedes Stück zu einem Ring formen und in die Donut-Backform legen. Den Teig in der Form nochmal 30 Minuten gehen lassen.

4 In jeden Donutkringel mit dem Ende eines Holzlöffels Mulden hineindrücken. Butterstückchen in die Mulden geben.

5 Die Donuts in den kalten Ofen stellen und bei 180°C (Ober- und Unterhitze) 30 Minuten backen. Auskühlen lassen.

6 Nach dem Auskühlen die Donuts nach Belieben mit Glasur und Lieblingsstreusel dekorieren.

TIPP
Die schicken Geschenkschachteln kannst Du dir downloaden und nachbasteln (siehe Impressum Seite 108).

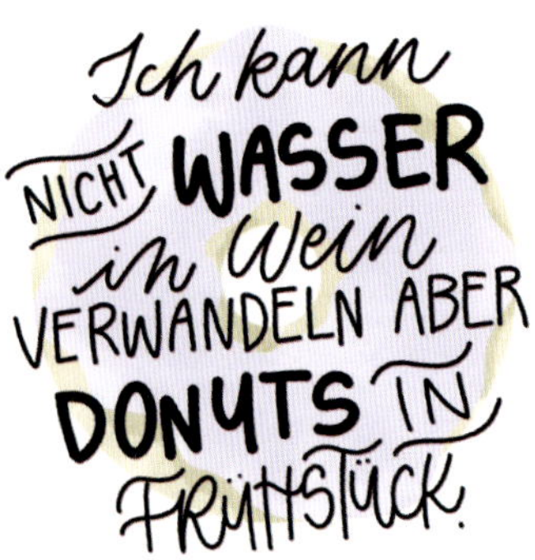

Klar teile ich meinen Donut mit dir Du kriegst die Mitte.
Happy Birthday
Ich kann NICHT WASSER in Wein VERWANDELN ABER DONUTS IN FRÜHSTÜCK.

FRANKFURTER KRANZ CUPCAKES

KLEIN UND FEIN

ZUTATEN

Für 10 Stück

FÜR DEN TEIG

- 125 g weiche Butter
- 125 g Zucker
- 1 TL Vanille-Paste
- 1 Prise Salz
- 3 Eier
- 50 g Milch
- 200 g Mehl
- 1 TL Backpulver

FÜR FÜLLUNG & BUTTER-CREME

- 200 g Johannisbeergelee
- 150 g Butter
- 100 g Frischkäse
- 400 g Puderzucker
- 2 TL Vanille-Paste

DEKORATION

- 30 g Haselnuss-Krokant
- 20 g Mini-Butterkekse
- 10 g Zucker-Perlen
- 10 Belegkirschen

1 Den Backofen auf 175°C (Ober- und Unterhitze) vorheizen.

2 Eine Muffinform mit Förmchen auslegen oder stabile Muffinförmchen ohne Backform bereitstellen.

3 Für den Teig die weiche Butter mit Zucker, Salz und der Vanille-Paste für 4–5 Minuten weiß–cremig verrühren. Ein Ei nach dem anderen hinzufügen und etwa 30 Sekunden einrühren. Mehl und Backpulver mischen und zusammen mit der Milch in die Buttermasse einrühren.

4 Den Teig gleichmäßig in die Muffinförmchen füllen (ca. ¾) und 25 Minuten backen. Auskühlen lassen.

5 Die Muffins mit einem scharfen Messer mittig aufschneiden.
1 TL Gelee jeweils auf den unteren Muffinboden geben und knapp bis an den Rand hin verstreichen. Beiseite stellen.

6 Für die Buttercreme die weiche Butter mind. 3 Minuten mit dem Mixer weiß aufschlagen und den Frischkäse unterrühren. Nach und nach den Puderzucker und die Vanille-Paste dazugeben und weiter rühren. Die Masse wird erst krümelig, dann aber wieder cremig. In einen Spritzbeutel mit Sterntülle füllen.

7 Auf die Marmelade einen guten Klecks Buttercreme spritzen. Den Deckel darauf setzen und leicht andrücken. Auf den Muffin Buttercreme-Tupfer spritzen und mit Krokant, Zucker Perlen, Mini-Butterkeksen und jeweils 1 Belegkirsche dekorieren.

SACHERTORTEN-CAKEPOPS
MIT BOTSCHAFT

ZUTATEN
Für ca. 23 Stück

- 115 g weiche Butter
- 25 g Puderzucker
- 5 Eigelb
- 130 g Zucker
- 5 Eiweiß
- 100 g Zartbitter-Kuvertüre
- 100 g Mehl
- 1 TL Backkakao
- 135 g Aprikosenmarmelade

AUSSERDEM
- Springform Ø 20 cm

DEKORATION
- 200 g Edelbitter-Glasur
- 10 g Schoko-Blättchen
- 10 g Goldperlen –soft-
- 23 Cake Pop Stiele

TIPP
Die geletterten Mini-Wimpel kannst Du downloaden und ausdrucken (siehe Impressum Seite 108).

1 Backofen auf 200°C (Ober- und Unterhitze) vorheizen und die Springform mit Backpapier auslegen.

2 Die weiche Butter mit dem Puderzucker schaumig schlagen. Die Eigelbe einzeln dazugeben und einrühren, bis sie cremig sind.

3 Die Kuvertüre schmelzen und zu der Eier-Butter-Mischung dazugeben.

4 Das Eiweiß so lange schlagen, bis es leicht weiß wird, dann den Zucker langsam einrieseln lassen. Den Eischnee so lange schlagen, bis er seidig matt wird. Buttermischung abwechselnd mit dem gesiebten Mehl und dem Backkakao mit einem Schneebesen unter den Eischnee heben.

5 Die Masse in die Springform geben und gleichmäßig in der Form verteilen. Alles bei 200°C 15 Minuten backen, danach auf 160°C zurückschalten und weitere 35–40 Minuten backen. Komplett auskühlen lassen. Kuchen mit den Händen zerkleinern.

6 Die Kuchenkrümel in einer Schale mit der Aprikosenmarmelade vermengen. Einweghandschuhe benutzen und den Teig zu Kugeln (28 g pro Stück) formen und für 30 Minuten fest werden lassen.

7 In der Zwischenzeit die Edelbitter-Glasur nach Packungsanleitung schmelzen. Den Cake-Pop-Stiel 1 cm in die Schokolade tunken, bis zur Hälfte in die Kuchen-Kugel stecken und zum Antrocknen beiseitestellen.

8 Sobald die Schokolade am Cake-Pop-Stiel fest geworden ist, die Cake-Pops komplett in die Schokolade tunken. Um die überschüssige Schokolade ablaufen zu lassen, immer ein wenig drehen und ganz leicht am Stiel tippen. Zum Trocknen auf ein Backpapier setzen. Diesen Schritt mit allen Cake Pops wiederholen. Solange die Schokolade noch feucht ist, kann mit den Streuseln dekoriert werden.

yummy
fur dich
hmm.

CRÈME BRÛLÉE CUPCAKES
SÜSSE VERSUCHUNG

ZUTATEN
Für 12 Stück

FÜR DEN TEIG
- 100 g Butter
- 120 g Zucker
- 100 g Saure Sahne
- 2 TL Vanille-Paste
- 3 Eiweiß
- 180 g Mehl
- 2 TL Backpulver
- 1 Prise Salz
- 120 ml Milch

FÜR DIE VANILLECREME
- 3 Eigelb
- 80 g Zucker
- 40 g Stärke
- 240 ml Milch
- 2 TL Vanille-Paste

FÜR DAS KARAMELL-FROSTING
- 100 g Butter
- 80 g Frischkäse
- 460 g Puderzucker
- 4 TL Karamellsoße
- 6 TL Zucker

DEKORATION
- 10 g Zucker-Herzen
- 10 g Perlmuttperlen -soft-

AUSSERDEM
- Flambierbrenner

1 Den Backofen auf 175°C (Ober- und Unterhitze) vorheizen und die Förmchen in das Muffinblech setzten oder stabile Muffinförmchen verwenden.

2 Die weiche Butter zusammen mit dem Zucker hellcremig aufschlagen. Saure Sahne und die Vanille-Paste einrühren. Das Eiweiß nacheinander dazu geben und zu einem geschmeidigen Teig verrühren. Mehl, Backpulver und Salz vermischen und abwechselnd mit der Milch zum Teig geben.

3 Den Teig gleichmäßig in die Muffinförmchen füllen und im vorgeheizten Backofen ca. 25 Minuten backen. Auskühlen lassen

4 Für die Vanillecreme alle Zutaten in einen Topf geben und die Creme unter ständigem Rühren bei mittlerer Hitze aufkochen. Ca. 1 Minute unter Rühren kochen lassen, bis ein dicker Pudding entsteht. Die Creme vom Herd nehmen und sofort direkt an der Oberfläche mit Frischhaltefolie abdecken (so bildet sich keine Haut). Kühl stellen.

5 Für das Karamell-Frosting die Butter hellcremig aufschlagen. Den Frischkäse unterrühren. Den Puderzucker nach und nach dazugeben und geschmeidig rühren. Zum Schluss das Karamell unterrühren.

6 Die ausgekühlten Muffins mit Hilfe eines Apfelausstechers oder eines kleinen Löffels etwas aushöhlen und mit der Vanillecreme befüllen.

7 Das Karamell-Frosting flach auf die Muffins auftragen und mit ½ TL Zucker bestreuen. Mit dem Flambierbrenner flambieren, bis der Zucker karamellisiert und sich eine knusprige Kruste bildet. Mit Zucker-Perlen und Streuseln dekorieren und sofort servieren.

APFELSTRUDEL-MUFFINS
MIT ZIMTNOTE

ZUTATEN
Für 12 Stück

FÜR DEN TEIG
- 1 Packung fertigen Strudelteig oder Filoteig
- 550 g Äpfel, geschält und gewürfelt
- 50 g Zucker
- Saft ½ Zitrone
- 2 TL Vanille-Paste
- 4 TL Zimt-Paste
- 50 g Mandelblättchen
- 1 Pk. Puddingpulver Vanille
- 250 ml Milch
- 1 Ei

AUSSERDEM
- Muffinblech

DEKORATION
- 10 g Elfen Taler

1 Den Backofen auf 180°C (Umluft) vorheizen.

2 Apfelwürfel mit Zucker, Zitronensaft, Vanille- und Zimt-Paste und Mandelblättchen vermischen.

3 Jeweils eine Muffinblechmulde mit 4 Teigblättern fächerförmig auslegen. Die Apfelmischung gleichmäßig in den Mulden verteilen. Die Milch mit dem Puddingpulver klümpchenfrei verrühren und in die 12 Mulden gießen.
Das Ei verquirlen und die Muffins damit bestreichen.

4 Das Blech für 30 Minuten im vorgeheizten Backofen backen. Komplett auskühlen lassen und vorsichtig aus der Form lösen. Mit Elfen Talern dekorieren.

TIPP
Die niedlichen Äpfel kannst Du downloaden und ausdrucken (siehe Impressum Seite 108)

ZIMT TWISTIES
SCHNELL UND LECKER

ZUTATEN
Für 15 Stück

- 1 Rolle fertigen Blätterteig (Kühlregal)
- 50 g weiche Butter
- 15 g Zimt-Paste
- 1 TL Zimt
- 20 g Zucker
- 1 Ei
- Saft von 1 Zitrone
- 150 g Puderzucker

DEKORATION
- 30 g Zucker-Perlchen

1 Den Backofen auf 200°C (Ober- und Unterhitze) vorheizen und das Backblech mit Backpapier auslegen.

2 Weiche Butter mit Zimt-Paste und Zimt zu einer Paste verrühren.

3 Den Blätterteig ausrollen und 1-mal waagerecht halbieren. Eine Seite mit der Paste bestreichen und die andere Blätterteighälfte darauflegen. Nun in 2 cm breite senkrechte Streifen schneiden und jeden Streifen spiralförmig eindrehen.

4 Das Ei verquirlen. Die Streifen mit etwas Abstand auf das vorbereitete Backblech legen und mit dem Ei bepinseln. Im vorgeheizten Backofen 15–17 Minuten goldbraun backen. Auskühlen lassen.

5 Für die Glasur den Puderzucker mit dem Zitronensaft klümpchenfrei verrühren. Die ausgekühlten Zimt-Twisties mit der Zitronenglasur glasieren und mit den Streuseln dekorieren.

FEENKÜSSE MIT TOFFIFEE

ZUTATEN

Für 60 Stück

FÜR DEN MÜRBETEIG

- 400 g Mehl
- 175 g Puderzucker
- 1 Prise Salz
- 1 Ei
- 125 g Butter
- 60 ml Milch

BAISERHAUBE

- 200 g Eiweiß
- 200 g Zucker
- 1 TL Vanille-Paste
- 1 Prise Salz
- 200 g Puderzucker
- 1 TL Lebensmittelfarbe
- 60 Stück Toffifees®

DEKORATION

- 20 g Elfen-Perlchen

1 Alle Zutaten für den Keksteig in eine große Schüssel geben und solange mit den Händen oder der Küchenmaschine verkneten, bis ein gleichmäßiger Teig entstanden ist. Den Teig in Frischhaltefolie wickeln und ca. 30 Minuten kühlen.

2 Den Backofen auf 160°C (Ober- und Unterhitze) vorheizen.

3 Den Teig noch einmal kurz durchkneten und auf einer leicht bemehlten Arbeitsfläche 2–3 mm dünn ausrollen. Mit einem Kreisausstecher Ø 5 cm Kreise ausstechen, auf ein Backblech mit Backpapier legen und auf jeden Kreis jeweils ein umgedrehtes Toffifee® setzen.

4 Die Eiweiße und eine Prise Salz in eine fettfreie Schüssel geben und mit dem Schneebesen oder der elektrischen Küchenmaschine auf höchster Stufe steif schlagen. Währenddessen langsam den Zucker einrieseln lassen. Aufhören zu schlagen, sobald die Baisermischung steif und glänzend wird. Die Vanille-Paste, die Lebensmittelfarbe und den gesiebten Puderzucker mit Hilfe eines Spatels vorsichtig unterheben.

5 Die Baisermischung in einen Spritzbeutel mit Sterntülle füllen und auf den Toffifeekeks eine Haube setzen, sodass der Toffifee komplett bedeckt ist. Die Feenküsse ca. 25 Minuten backen und vollständig abkühlen lassen.

TIPP

Die Schildchen kannst Du downloaden und ausdrucken (siehe Impressum Seite 108).

FÜR dich
Danke
Danke

MINI MUFFINS
MIT MARSHMALLOW-BLUMEN

ZUTATEN
Für 24 Stück

FÜR DEN TEIG
- 45 g Butter
- 110 g Zucker
- 1 TL Vanille-Paste
- 2 Eiweiß
- 100 g Milch
- 200 g Mehl
- 1 TL Backpulver
- 25 g Black-Mini-Cookies

DEKORATION
- 100 g Elfenglasur
- 30 g Mini-Marshmallows bunt
- 10 g Zucker-Perlchen
- 10 g Drachen-Perlchen

AUSSERDEM
- Mini-Muffinform
- 24 Mini-Muffin-Förmchen

1 Backofen auf 180°C (Ober- und Unterhitze) vorheizen und Förmchen in das Muffinblech setzen.

2 Die weiche Butter, Zucker und Vanille-Paste in eine Schüssel geben, hellcremig mit dem Schneebesen des Handrührgeräts oder mit der Küchenmaschine aufschlagen. Das Eiweiß dazu geben und alles auf höchster Stufe schaumig schlagen. Mehl und Backpulver mischen und mit der Milch in die Buttermischung rühren. Zum Schluss die kleingehackten Black-Mini-Cookies unter den Teig heben.

3 Den Teig in die Muffinförmchen füllen und im vorgeheizten Backofen ca. 18 Minuten backen. Auskühlen lassen.

4 Nach dem Auskühlen die Glasur nach Packungsanleitung schmelzen. Für die Marshmallow-Blütenblätter ein Marshmallow mit der Schere schräg durchschneiden. Für eine Blume benötigt man ca. 7–8 Blätter und ein halbes Marshmallow als Blütenstempel in der Mitte.

5 Einen Klecks Glasur auf den Muffin geben, den Marshmallow-Blütenstempel in die Mitte positionieren und drumherum die Blütenblätter setzten. Zur Abwechslung können einige Muffins mit Zuckerperlen betreut werden.

BANANA SPLIT TACOS
SÜSSES MEXIKO

ZUTATEN
Für 8 Stück

FÜR DIE TACOS
- 2 Weizen-Wraps
- 250 g Mascarpone
- 250 g Magerquark
- 20 g Backkakao
- 80 g Puderzucker
- 20 g SanApart®
- 100 g Puderzucker
- 1 TL Vanille-Paste
- 100 g Schoko-Blättchen

DEKORATION
- 100 g Schlagsahne
- 1 Pk. Sahnesteif
- 2 Bananen
- 8 Maraschino-Kirschen
- 10 g Zucker-Perlchen
- 20 g Mini-Marshmallows bunt
- 10 g Schokoladen Streusel

AUSSERDEM
- 3 EL Sonnenblumenöl
- 5 EL Zucker
- Muffinblech

1 Aus den Wraps jeweils 4 Kreise mit jeweils Ø 10 cm ausstechen.

2 Das Öl in der Pfanne erhitzen und die Wrap-Kreise nacheinander etwas 20–30 Sekunden auf jeder Seite ausbacken. Aus der Pfanne nehmen und in Zucker wälzen. Damit die Wraps ihre Tacoform bekommen, einfach in die Zwischenräume der Rückseite des Muffinblechs stecken.

3 Für die Schokocreme-Füllung Mascarpone, Quark, Kakao, Vanille-Paste, Puderzucker und SanApart® glattrühren und in einen Spritzbeutel füllen.

4 Sahne mit Sahnesteif steif schlagen und ebenfalls in einen Spritzbeutel mit Französischer Tülle füllen. Bananen in Scheiben schneiden.

5 Die Tacos bis zur Hälfte mit Schokocreme füllen, darauf Bananenscheiben legen, diese dann mit Sahnetuffs, Maraschino Kirschen und Streuseln dekorieren.

EINHORN MUFFINS
MIT ÜBERRASCHUNG

ZUTATEN
Für 10 Stück

FÜR DEN TEIG
- 125 g weiche Butter
- 125 g Zucker
- 1 TL Vanille-Paste
- 1 Prise Salz
- 3 Eier
- 50 g Milch
- 200 g Mehl
- 1 TL Backpulver

FÜR DIE FÜLLUNG
- 100 g Zucker-Einhörner

FÜR DIE GLASUR
- 100 g Kuchenglasur Einhorn-Zauber
- 1 Pk. Zucker Einhörner & Regenbogen
- 20 g Glitzer-Streusel Silber

1 Den Backofen auf 175°C (Ober- und Unterhitze) vorheizen.

2 Eine Muffinform mit Förmchen auslegen oder stabile Muffinförmchen ohne Backform bereitstellen.

3 Die weiche Butter mit Zucker, Vanille-Paste und Salz für 4–5 Minuten weißcremig rühren. Ein Ei nach dem anderen hinzufügen und für ca. 30 Sekunden einrühren. Mehl mit Backpulver mischen und zusammen mit der Milch in die Buttermasse einrühren.

4 Den Teig gleichmäßig in die Muffinförmchen füllen und für ca. 25 Minuten backen.

5 Die ausgekühlten Muffins mit Hilfe eines Apfelausstechers oder eines kleinen Löffels aushöhlen und mit den Einhornstreuseln befüllen.

6 Zum Schluss mit Glasur, Zucker Einhörnern & Regenbogen sowie Glitzer-Streuseln dekorieren.

love

NO
BAKE

ROSEN-PANNACOTTA TARTE

VERSUCHUNG IN ROSA

ZUTATEN

Für eine Tarteform mit Hebeboden Ø 28 cm, 12 Stück

- 350 goldene Oreo™ Kekse
- 80 g Butter
- 3 Blatt Gelatine
- 400 g Schlagsahne
- 40 g Zucker + 2 EL Zucker
- 10 g Rosenzucker
- 2 TL Vanille-Paste
- 7 g Götterspeisepulver, Himbeere
- 2 TL Rosenwasser

DEKORATION

- 100 g Schlagsahne
- 1 Pk. Sahnesteif
- 10 g Pistazien, gehackt
- 20 g Lieblingsstreusel Pink Love

1 **Für den Boden** die Oreo Kekse in feine Krümel zerkleinern z.B. in einem Multizerkleinerer oder die Kekse in einen Gefrierbeutel geben und mit einem Nudelholz darüber rollen.

2 Die Butter schmelzen und mit den Oreo™-Krümeln vermischen. Die Keksmischung in die Form geben und am Boden und am Rand festdrücken. Bis zur weiteren Verwendung in den Kühlschrank stellen.

3 **Für die Pannacotta-Schicht** die Gelatineblätter in kaltem Wasser einweichen. Die Sahne mit 40 g Zucker und dem Rosenzucker in einem Topf einmal aufkochen. Vom Herd nehmen, die Gelatine ausdrücken, zur heißen Sahne geben und einrühren. Nicht mehr kochen lassen, sonst verliert die Gelatine ihre Gelierkraft. Die Pannacotta in ein anderes Gefäß zum Abkühlen geben. Darin bei gelegentlichen Umrühren 1 Stunde abkühlen lassen.

4 Die abgekühlte, aber noch flüssige Pannacotta langsam auf den gut durchgekühlten Boden gießen und 2 Stunden in dem Kühlschrank stellen.

5 Für die Götterspeisenschicht die Götterspeise nach Packungsanleitung zubereiten und unter gelegentlichem Rühren mind. 45 Minuten abkühlen lassen. Dann auf die gekühlte Pannacotta-Schicht gießen und 2 Stunden kühl stellen.

6 Die Sahne für die Dekoration mit dem Sahnesteif steif schlagen und in einen Spritzbeutel mit Lochtülle füllen. Die Tarte mit der Schlagsahne, den Pistazien und den Streuseln dekorieren. Bis zum Servieren im Kühlschrank lagern.

TOPP

Mach mit beim
#TOPPprojekt
#TOPPprojekt
@frechverlag

Makramee

Makramee – Wohnideen und Accessoires
ISBN 978-3-7724-**4594**-1
144 S., SC, € (D) 18,00

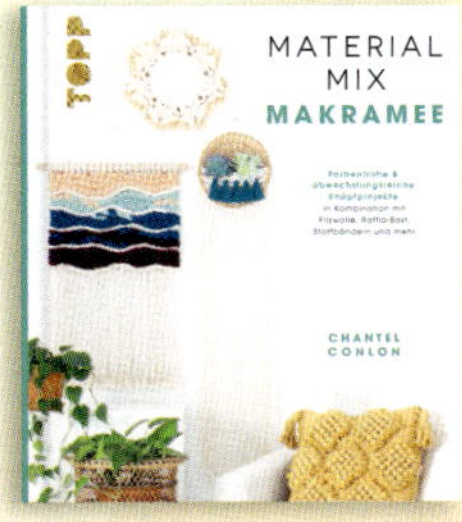

Material-Mix Makramee
ISBN 978-3-7724-**4575**-0
224 S., HC, € (D) 24,00

Modern Makramee
ISBN 978-3-7724-**4552**-1
272 S., HC, € (D) 25,00

Häkeln im Makramee-Style
ISBN 978-3-7724-**4895**-8
80 S., HC, € (D) 16,00

Cottage Dreams

Colorful Moments – Cottage Dreams Ausmalen & entspannen
ISBN 978-3-7724-**4748**-8
96 S., SC, € (D) 8,00

Cottage Dreams - Naturverliebt Tücher stricken
ISBN 978-3-7724-**4883**-6
112 S., HC, € (D) 20,00

Cottage Dreams - Romantische Kleider nähen
ISBN 978-3-7724-**4882**-9
128 S., HC, € (D) 22,00

Cottage Dreams - das Inspirationsbuch
ISBN 978-3-7724-**4571**-2
112 S., HC, € (D) 16,00

Kreativ Leben

Unsere Traumhochzeit
ISBN 978-3-7724-**4538**-5
210 S., SC, € (D) 25,00

Naturschön. DIY-Naturkosmetik.
ISBN 978-3-7724-**4592**-7
176 S., HC, € (D) 25,00

Die Marktcheck-Verbraucherfibel
ISBN 978-3-7724-**4518**-7
192 S., SC, € (D) 16,00

Camping. Das große Handbuch. Von den Machern von CamperStyle.de
ISBN 978-3-7724-**4549**-1
400 S., SC, € (D) 29,00

www.topp-kreativ.de

Handlettering

Handlettering.
Der Cut & Go-Block
ISBN 978-3-7724-**4738**-9
96 S., SC, € (D) 10,00

Handlettering.
Das große Buch der Schmuckelemente
ISBN 978-3-7724-**4741**-9
160 S., HC, € (D) 17,00

Handlettering.
Übungsbuch der Schmuckelemente
ISBN 978-3-7724-**4742**-6
64 S., SC, € (D) 10,00

Die große Handlettering-Bibliothek - Inspiration & Vorlagen für jede Gelegenheit
ISBN 978-3-7724-**4786**-0
160 S., HC, € (D) 18,00

Ausmalen

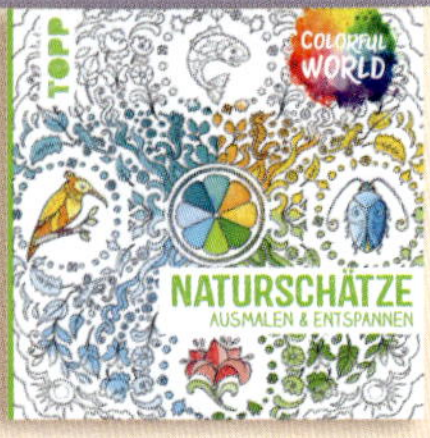

Colorful World - Naturschätze
ISBN 978-3-7724-**4734**-1
144 S., SC, € (D) 10,00

Colorful World - Glück & Zufriedenheit
ISBN 978-3-7724-**4797**-6
144 S., SC, € (D) 10,00

Colorful Moments - Botanicals
ISBN 978-3-7724-**4733**-4
96 S., SC, € (D) 8,00

Colorful Secrets - Geheime Gärten (Ausmalen auf Zauberpapier)
ISBN 978-3-7724-**4717**-4
96 S., SC, € (D) 10,00

Malen & Zeichnen

Sketch it!
ISBN 978-3-7724-**4730**-3
128 S., SC, € (D) 18,00

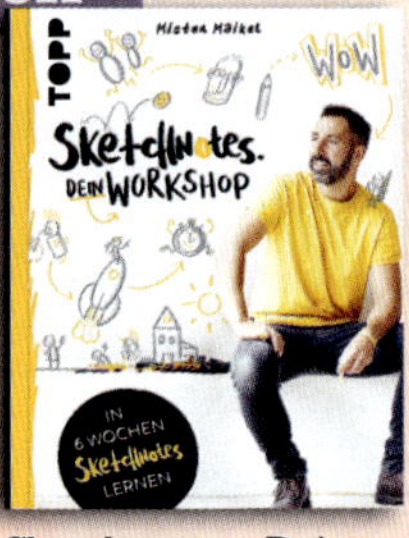

Sketchnotes - Dein Workshop mit Mister Maikel
ISBN 978-3-7724-**4788**-0
128 S., SC, € (D) 17,00

Ich kann nicht zeichnen
ISBN 978-3-7724-**4791**-4
128 S., SC, € (D) 15,00

One Line - Zeichnen in einer Linie
ISBN 978-3-7724-**4792**-1
128 S., SC, € (D) 18,00

Die Kunst des Zeichnens Pastell
ISBN 978-3-7724-**4790**-7
240 S., HC, € (D) 24,00

Schnelles Wissen in 30 Minuten - Gouache malen
ISBN 978-3-7724-**4785**-3
64 S., SC, € (D) 11,00

Makoccinos Watercolor-Kurs mit Erfolgsgarantie
ISBN 978-3-7724-**4782**-2
176 S., HC, € (D) 20,00

Das wundervolle Buch der Waldmotive
ISBN 978-3-7724-**4787**-7
144 S., SC, € (D) 17,00

Rätseln

Escape Adventures AR – Augmented Reality. Von Dinosauriern und Wissenschaftlern
ISBN 978-3-7724-**4562**-0
48 S., SC, € (D) 15,00

Escape Adventures AR – Augmented Reality. Von Zauberbüchern und magischen Missgeschicken
ISBN 978-3-7724-**4563**-7
48 S., SC, € (D) 15,00

Escape Log - Die Truhe des Kapitäns
ISBN 978-3-7724-**4586**-6
224 S., HC, € (D) 16,00

Krimi al dente – Göttliche Antike – Von wegen unsterblich
ISBN 978-3-7724-**4587**-3
202 S., Mappe, € (D) 18,00

RätselAuszeit Ruhe
ISBN 978-3-7724-**4590**-3
176 S., SC, € (D) 9,00

Mein Rätseljahr – Die 365 beliebtesten Rätsel: Jeden Tag eine neue Herausforderung
ISBN 978-3-7724-**4558**-3
144 S., HC, € (D) 14,00

Das Pendler-Rätselbuch
ISBN 978-3-7724-**4989**-5
144 S., SC, € (D) 10,00

Landkarten Rätselbuch – Deutschland
ISBN 978-3-7724-**4585**-9
224 S., SC, € (D) 15,99

Näh mit! Das große Ideenbuch
ISBN 978-3-7724-**4451**-7
176 S., HC, € (D) 15,00

Maker Workshop
ISBN 978-3-7724-**4453**-1
112 S., HC, € (D) 15,00

Harry Potter - Das magische Bastelbuch
ISBN 978-3-7724-**4472**-2
196 S., HC, € (D) 20,00

KinderKreativ

Die Kunst des Zeichnens für Kinder 365 Zeichenideen
ISBN 978-3-7724-**4399**-2
368 S., SC, € (D) 16,00

Das Spiele-Bastelbuch Naturmaterial
ISBN 978-3-7724-**4474**-6
128 S., HC, € (D) 15,00

Das Kinderlieder-Bastelbuch
ISBN 978-3-7724-**4398**-5
128 S., HC, € (D) 15,00

100 supergeniale Klorollenideen
ISBN 978-3-7724-**4391**-6
144 S., SC, € (D) 14,00

Auf die Plätze, fertig, Basteln
ISBN 978-3-7724-**4473**-9
128 S., HC, € (D) 15,00

DIY / Basteln

Stilvolle Trockenblumen
ISBN 978-3-7724-**4521**-7
144 S., HC, € (D) 22,00

Aufgemöbelt!
ISBN 978-3-7724-**7290**-9
144 S., HC, € (D) 20,00

Outdoor-DIY-Projekte aus Baumarktmaterial
ISBN 978-3-7724-**4520**-0
128 S., HC, € (D) 18,00

Kreative Lieblingsstücke designed by Steffi Treiber
ISBN 978-3-7724-**4576**-7
176 S., HC, € (D) 24,00

Handarbeiten

Nähen mit Jersey KLIMPERLEICHT
ISBN 978-3-7724-**4862**-1
128 S., HC, € (D) 20,00

Näh doch einfach!
ISBN 978-3-7724-**4880**-5
192 S., HC, € (D) 22,00

How to slay Omas Kleiderschrank
ISBN 978-3-7724-**4858**-4
112 S., HC, € (D) 18,00

Von mir für dich genäht
ISBN 978-3-7724-**4877**-5
96 S., HC, € (D) 18,00

Zuckersüße Wollowbies
ISBN 978-3-7724-**4878**-2
112 S., SC, € (D) 15,00

52 Wochen Socken stricken
ISBN 978-3-7724-**4871**-3
256 S., HC, € (D) 40,00

Witre Design - Skandinavische Strickideen
ISBN 978-3-7724-**4873**-7
208 S., HC, € (D) 20,00

Harry Potter: Zauberhaft häkeln
ISBN 978-3-7724-**4866**-9
176 S., HC, € (D) 24,00

Meine Strickliebe - Effektvolle Tücher und Schals
ISBN 978-3-7724-**4855**-3
112 S., HC, € (D) 20,00

Gemeinsame Strickzeit
ISBN 978-3-7724-**4875**-1
240 S., HC, Leseband
€ (D) 28,00

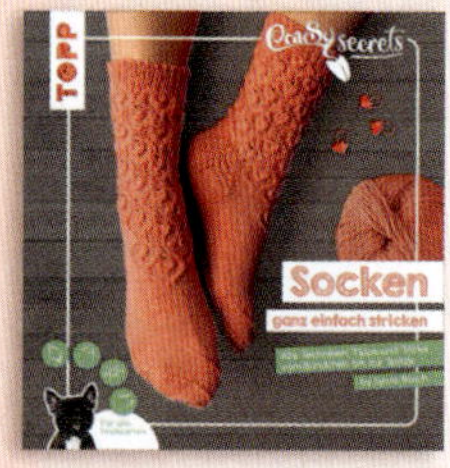

CraSy Secrets - Socken ganz einfach stricken
ISBN 978-3-7724-**4879**-9
160 S., HC, € (D) 20,00

Märchendecken häkeln
ISBN 978-3-7724-**4876**-8
128 S., SC, € (D) 18,00

love

ROCKY ROAD FUDGE
MIT MINI-MARSHMALLOWS

ZUTATEN
Für eine Form 19 x 19 cm
für 12 Stück

- 450 g weiße Schokolade
- 2 TL Butter
- 150 g gesüßte Kondensmilch
- 120 g Erdbeermarmelade
- 30 g Mini-Marshmallows bunt
- 20 g Mini-Brezeln, gehackt
- 100 g Marshmallow-Fluff

DEKORATION
- 30 g Mini-Marshmallows bunt
- 10 g Mini-Brezeln
- 20 g Schokodrops (Zartbitter)

1 Die Form mit Backpapier auslegen. Die weiße Schokolade mit der Butter und der Kondensmilch in einen Topf geben und langsam unter ständigem Rühren schmelzen. Wenn sich alle Zutaten verbunden haben, etwas abkühlen lassen.

2 Die Marmelade unter die Schokoladenmasse rühren und die restlichen Zutaten wie Mini-Marschmallows, gehackte Mini-Brezeln und das Marshmallow-Fluff hinzufügen und unterheben.

3 Die Masse in die vorbereitete Form geben und mit Mini-Marshmollows, Mini-Brezeln und Schokodrops dekorieren und mindestens 2 Stunden im Kühlschrank fest werden lassen.

4 Die Rocky Road Fudge in gleich große Stücke schneiden und servieren.

TIPP
Die Rocky Road Fudges können auch noch mit Nüssen, Cranberrys, dunkler Schokolade, Karamell und anderen Leckereien zubereitet werden. Hier ist alles erlaubt was schmeckt und der Vorratsschrank so hergibt.

COOKIE DOUGH TARTLES
MIT ÜBERRASCHUNG

ZUTATEN
Für 4 Stück

FÜR DEN KEKSBODEN
- 300 g Chocolate Chip Cookies
- 90 g Butter

FÜR DEN KEKSTEIG + DIE NUSS-NOUGAT-FÜLLUNG
- 150 g Mehl
- 75 g weiche Butter
- 40 g brauner Zucker
- 40 g weißer Zucker
- 2 TL Vanille-Paste
- 1 Prise Salz
- 4 EL Milch
- 250 g Nuss Nougat

ZUTATEN ZARTBITTER GANACHE
- 200 g Zartbitterschokolade
- 200 g Sahne

DEKORATION
- 10 g Mini-Butterkekse
- 20 g Salted Caramel Haselnuss-Krokant
- 1 TL Salzflocken

AUSSERDEM
- Mini-Tarteform mit Hebeboden Ø 12 cm,

1 **Für den Boden** die Kekse in feine Krümel zerkleinern, z.B. in einem Multizerkleinerer oder die Kekse in einen Gefrierbeutel geben und mit einem Nudelholz darüber rollen.

2 Die Butter schmelzen und mit den Kekskrümmeln vermischen. Keksmischung in die Formen geben und am Boden und am Rand festdrücken. Kalt stellen.

3 **Für den rohen Keksteig** das Mehl in der Mikrowelle 2 x 2 Minuten auf höchster Stufe erhitzen um alle möglichen Keime abzutöten. Alternativ das Mehl auf einem Blech verteilen und im Backofen bei 120°C (Ober- und Unterhitze) ca. 15 Minuten erhitzen. Abkühlen lassen.

4 Zu dem abgekühlten Mehl, Butter, Zucker, Vanille-Paste, Salz und Milch geben und verkneten. Den rohen Keksteig gleichmäßig auf die Chocolate-Chip-Cookie-Böden geben und andrücken.

5 Das Nuss-Nougat leicht erwärmen, auf die Keksteigschicht geben und glatt streichen. Mindestens 45 Minuten kühl stellen.

6 **Für die Ganache** die Schokolade klein hacken und mit heißer Sahne übergießen. Unter Rühren schmelzen, bis eine homogene Masse entstanden ist. Etwas abkühlen lassen und auf die gekühlten Nuss Nugat Schichten geben, glattstreichen und 1 Stunde im Kühlschrank fest werden lassen.

7 Vor dem Servieren mit Salted Caramel Haselnuss-Krokant, Mini Butterkeksen und Salzflocken dekorieren.

Waffeln
MIT STIL
Waffeln
MIT STIL
Waffeln
MIT STIL
Waffeln
MIT STIL

WAFFELN MIT STIL

EINE SÜSSE GESCHENKIDEE

ZUTATEN

Für 36 Stück

- 200 g Waffel-Sticks (Sorte nach Geschmak)
- 36 kleine Eisstiele

DEKORATION

- 100 g Vollmilchglasur
- 100 g Vanilleglasur
- 10 g Zucker Einhorner
- 10 g Zucker Herzen
- 10 g Zucker Perlchen
- 10 g Drachen-Perlchen
- 10 g Schokoladen Streusel

1 Die Glasuren nach Packungsanleitung schmelzen und die Streusel bereitstellen.

2 Die Eisstiele vorsichtig von einer Seite in die Waffel schieben. Die Seite ohne Stiel bis zur Hälfte in die Schokolade tauchen und etwas abtropfen lassen. Zum Trocknen auf ein Backpapier legen und solange die Schokolade noch feucht ist, mit den Streuseln dekorieren.

3 Als Geschenk in kleine Tütchen verpacken oder gleich vernaschen.

TIPP

Die hübschen Geschenk-Wimpel kannst Du dir downloaden und ausdrucken (siehe Impressum Seite 108).

OREO- KÄSEKUCHEN FÜR KEKSLIEBHABER

ZUTATEN

Für Springform Ø 25 cm, 12 Stück

FÜR DEN BODEN

- 350 g + 80 g Oreo® Kekse
- 70 g Butter

FÜR DIE FÜLLUNG

- 200 g weiße Schokolade
- 400 g Schlagsahne
- 35 g + 30 g Puderzucker
- 300 g Frischkäse
- 250 g Mascarpone
- 3 TL Vanille-Paste

DEKORATION

- 200 g Schlagsahne
- 25 g Puderzucker
- 55 g Black-Mini-Cookies
- 5 Oreo Kekse®
- 10 g Zucker-Perlchen
- 10 g Silberperlen -soft-

1 Die Springform mit Backpapier auslegen.

2 **Für den Teig** die 350 g Oreo® Kekse in feine Krümel zerkleinern, z. B. in einem Multizerkleinerer oder die Kekse in einen Gefrierbeutel geben und mit einem Nudelholz darüber rollen.

3 Die Butter schmelzen und mit den Kekskrümeln vermischen. Die Keksmischung in die Form geben und am Boden und am Rand festdrücken. Kalt stellen.

4 **Für die Füllung** die weiße Schokolade schmelzen und etwas abkühlen lassen. Die kalte Schlagsahne mit 35 g Puderzucker mit dem Rührgerät steif schlagen. Frischkäse, Mascarpone, 30 g Puderzucker und Vanille-Paste in eine große Schüssel geben und gut verrühren. Die geschmolzene Schokolade dazugeben und verrühren. Die Schlagsahne dazu geben und unterheben. 80 g Kekse zerkrümeln und unter die Masse heben. Die Masse in die Form geben und glattstreichen. Über Nacht in den Kühlschrank stellen.

6 **Für die Dekoration** die Sahne mit dem Puderzucker steif schlagen und in einen Spritzbeutel mit Sterntülle füllen. Den Kuchen mit der Schlagsahne, den halbierten Oreo® Keksen und den Black-Mini-Cookies dekorieren. Die Zucker-Perlchen und Silberperlen erst kurz vor dem Servieren dekorieren. Bis zum Servieren im Kühlschrank lagern.

SALTED-CARAMEL-TARTE
MIT MINI-BUTTERKEKSEN

ZUTATEN

Für eine Tarteform mit Hebeboden Ø 28 cm, 12 Stück

FÜR DEN KEKSBODEN

- 350 Shortbread Kekse
- 80 g Butter

FÜR DIE GANACHE

- 200 g Vollmilchschokolade
- 200 g Zartbitterschokolade
- 75 g Butter
- 200 g Sahne

FÜR DAS GESALZENE KARAMELL

- 200 g Zucker
- 90 g Butter
- 100 ml Sahne
- 1 gehäufter TL Salz

DEKORATION

- 10 g Goldperlen -soft-
- 10 g Mini-Butterkekse

1 Für das gesalzene Karamell den Zucker bei mittlerer Hitze in einem Topf erhitzen und ständig rühren. Nach ca. 5 Minuten beginnt der Zucker zu karamellisieren. Es bilden sich kleine Klümpchen, die sich nach und nach verflüssigen und ein goldbrauner Zuckersirup entsteht.
Sobald sich der gesamte Zucker verflüssigt hat, die Butter vorsichtig hinzufügen und warten, bis sie sich aufgelöst hat. Achtung: Die Masse wird sehr heiß! Anschließend langsam die Sahne hinzugegeben und weiter rühren, bis sich alles verbunden hat. Den Topf vom Herd nehmen und 1 TL Salz unterrühren. Zum Abkühlen in ein Glas abfüllen und dabei gelegentlich umrühren.

2 Für den Boden die Kekse in feine Krümel zerkleinern. Die Butter schmelzen und mit den Kekskrümeln vermischen. Die Keksmischung in die Form geben, am Boden und am Rand festdrücken. Kalt stellen.

3 Für die Ganache die Schokolade zusammen mit der Butter und der Sahne in einen Topf geben und bei mittlerer Temperatur langsam schmelzen, bis eine homogene Masse entstanden ist. Etwas abkühlen lassen und auf den gekühlten Keksboden geben, glattstreichen und 1 Stunde im Kühlschrank fest werden lassen.

4 Zum Schluss das abgekühlte Salted-Karamell auf die Ganache geben und glattstreichen. Alles mind. 2 Stunden im Kühlschrank fest werden lassen. Vor dem Servieren mit Goldperlen und Mini Butterkeksen dekorieren.

KALTER HUND IM MINI-FORMAT

ZUTATEN

Für ca. 30 Stück

FÜR DIE KEKSSTAPEL

- 100 g Nuss-Nougat
- 150 g Mini-Butterkekse

DEKORATION

- 100 g Schokoladenglasur Zartbitter
- 10 g Zucker-Perlchen
- 10 g Drachen-Perlchen
- 10 g Elfen-Perlchen
- 10 g Zucker-Einhörner
- 10 g Schoko-Blättchen

1 Das Nuss-Nougat über einem warmen Wasserbad oder kurz in der Mikrowelle erwärmen, bis eine streichfähige Creme entstanden ist.

2 Ein Drittel der Mini-Kekse auf der Arbeitsfläche ausbreiten. Einen kleinen Klecks Nuss-Nougat auf jeden Keks geben, einen weiteren Keks darauflegen und leicht andrücken, sodass sich die Creme gut verteilt. Einen weiteren Klecks Nuss-Nougat auf den zweiten Keks geben, einen dritten auflegen und wieder leicht andrücken. Mit den restlichen Keksen ebenso verfahren und für 30 Minuten in den Kühlschrank stellen.

3 Die Schokoladenglasur nach Packungsanleitung schmelzen. Die Keksstapel aus dem Kühlschrank nehmen und nacheinander bis zur Hälfte in die Glasur tunken. Auf ein Backpapier legen und mit Streuseln bestreuen. Anschließend 4 Stunden in den Kühlschrank stellen, damit alles komplett fest werden kann.

TIPP

Die niedliche Geschenkverpackung kannst Du downloaden und nachbasteln (siehe Impressum Seite 108)

Kalter Hund
Für den KLEINEN Hunger

KEKSTEIG-BREZEL HAPPEN
MIT KUNTERBUNTEN STREUSELN

ZUTATEN
Für 14 Stück

- 150 g Mehl
- 75 g weiche Butter
- 40 g brauner Zucker
- 40 g weißer Zucker
- 2 TL Vanille-Paste
- 1 Prise Salz
- 4 EL Milch
- 28 Mini Brezeln

DEKORATION
- 100 g Vollmilchglasur
- 10 g Drachen-Perlchen
- 10 g Zucker-Streusel
- 10 g Elfen-Perlchen
- 10 g Zucker-Perlchen

1 Für den rohen Keksteig das Mehl in der Mikrowelle 2 x 2 Minuten auf höchster Stufe erhitzen um alle möglichen Keime abzutöten. Alternativ das Mehl auf einem Blech verteilen und im Backofen bei 120°C (Ober- und Unterhitze) ca. 15 Minuten erhitzen. Abkühlen lassen.

2 Zu dem abgekühlten Mehl, Butter, Zucker, Vanille-Paste, Salz und Milch hinzugeben und verkneten. Aus dem Teig 14 Kugeln formen und jeweils eine Kugel zwischen 2 Mini-Brezeln drücken. Für 30 Minuten kühl stellen.

3 Die Vollmilchglasur nach Packungsanleitung schmelzen und eine Seite der Keksteig-Brezel Happen in die Schokolade tauchen. Auf ein Backpapier setzen und die noch feuchte Schokolade mit Streuseln dekorieren. Bis zum Servieren kühl stellen.

VEGANE BROMBEER-MOUSSE-TARTE

CREMIG & LEICHT

ZUTATEN

Für eine rechteckige Tarteform mit Hebeboden 35 cm - 13 cm, 8 Stück

FÜR DEN KEKSBODEN

- 300 g Oreo® Kekse
- 80 g Pflanzliche Margarine

FÜR DIE BROMBEER-MOUSSE

- 250 g Brombeeren frisch oder TK
- 400 g veganer Frischkäse
- 80 g Zucker
- 2 TL Vanille-Paste
- 250 g Creme Vega®
- 60 ml Pflanzliche Milch (Mandel, Hafer, etc.)
- 8 g Agar Agar

DEKORATION

- 50 g frische Brombeeren
- 50 g frische Blaubeeren
- 10 g Silberperlen -soft-
- 10 g Glitzer-Streusel silber

1 Die Oreo® Kekse in feine Krümel zerteilen, z.B. in einem Multizerkleinerer oder die Kekse in einen Gefrierbeutel geben und mit einem Nudelholz darüber rollen.

2 Die pflanzliche Margarine schmelzen und mit den Kekskrümeln vermischen. Die Keksmischung in die Form geben und am Boden und am Rand festdrücken. Kalt stellen.

3 Die Brombeeren mit einem Pürierstab pürieren. Veganen Frischkäse, Zucker, Vanille-Paste und Creme Vega® zu den Brombeeren geben und unterrühren. Agar Agar mit der Pflanzenmilch nach Packungsanleitung zubereiten und zur Brombeermasse geben. Auf den Kekssboden geben, glattstreichen und 3 Stunden in den Kühlschrank stellen.

4 Kurz vor dem Servieren mit frischen Beeren und den Streuseln dekorieren.

TIPP

Die Beeren-Mousse kann auch mit anderen Beeren wie z.B. Erdbeeren, Himbeeren etc. zubereiten werden.

SCHNELLE STREUSELIDEEN
FÜR SPONTANEN BESUCH

ZUTATEN

Für 22–30 Stück

- 2 x Oreo® Double Creme Rollen
- 11 Waffeldreiecke
- 10–15 gestreifte Waffelröllchen

DEKORATION

- 50 g Kuchenglasur grün
- 50 g Kuchenglasur rot
- 50 g Elfenglasur-rosa
- 50 g Kuchenglasur blau
- 20 g Elfen-Perlchen
- 20 g Drachen-Perlchen
- 20 g Zucker Streusel
- 20 g Flitzer-Streusel silber
- 20 g Goldperlen -soft-
- 20 g Silberperlen -soft-
- 20 g Perlmuttperlen -soft-

Bunte Waffelröllchen

Die Glasur nach Packungsanleitung schmelzen. Nacheinander die Waffelröllchen bis zur Hälfte in die Schokoladenglasur tauchen, etwas abtropfen lassen. Auf ein Backpapier zum Trocknen ablegen und auf die noch feuchte Glasur die Streusel streuen.

Oreo Eis Tüten

Die Vanilleglasur nach Packungsanleitung schmelzen. Oreo® Kekse aufdrehen, einen Klecks Glasur in die Mitte geben, das Waffeldreieck mittig daraufsetzen und die andere Kekshälfte wieder darauf drücken. Sobald die Glasur fest geworden, die Glasur in rosa mit Hilfe eines Löffels von oben über die Oreo Kekse gießen. Zum Trocknen auf ein Backpapier legen. Auf die noch feuchte Glasur die Streusel, sowie eine rote Schokokugel befestigen.

Bling-Bling Oreos®

Den Keks in die gewünschte Streusel-Sorte eintauchen und mehrere Runden in die Streusel drücken. Durch die Creme im Keks bleiben die Streusel wunderbar am Keks haften.
Die fertigen Kekse hochkant nebeneinander aufstellen und aus Alufolie einen Rahmen dazu basteln.

FESTE UND ANLÄSSE

TREND-TORTE ZU OSTERN
FAULT LINE CAKE

ZUTATEN
Für Backformen 2 x Ø 20 cm,
12 Stück

FÜR DEN MÖHREN-MANDEL BODEN
- 6 Eier
- 300 g Zucker
- 2 TL Vanille-Paste
- 1 Prise Salz
- 300 ml Buttermilch
- 300 ml Öl
- 350 g Mehl
- 1 Pck. Backpulver
- 100 g Mandeln, gemalen
- 100 g Möhren, geraspelt

FÜR DIE FÜLLUNG
- 600 g Frischkäse (Doppelrahmstufe)
- 200 g Schmand
- 50 g Puderzucker
- 50 g San Apart®
- 1 TL Vanille-Paste
- 1 TL Zimt-Paste
- 225 g Preiselbeermarmelade

FÜR DIE ITALIENISCHE BUTTERCREME
- 270 g Eiweiß
- 420 g Zucker
- 750 g weiche Butter

FÜR DIE KANDIERTEN MÖHREN
- 2 große Möhren
- 200 ml Wasser
- 200 g Zucker

DEKORATION
- 250 g Fondant, orange
- 10 g Mini-Marshmallows bunt
- 30 g Drachen-Perlchen

Für den Teig

1 Den Backofen auf 170°C (Ober- und Unterhitze) vorheizen und die Böden der Formen mit Backpapier auslegen.

2 Eier, Zucker, Salz und Vanille-Paste 8–10 Minuten aufschlagen. Buttermilch und Öl unter Rühren langsam dazu geben. Gesiebtes Mehl einrühren und zum Schluss die Mandeln und geraspelten Möhren vorsichtig unterheben.

3 Den Teig gleichmäßig in die vorbereiteten Backformen geben, glatt streichen und im Backofen für ca. 50 Minuten backen. Nach dem Auskühlen die Tortenböden in jeweils 2 Böden teilen.

Für die Frischkäse-Schmand Füllung

Frischkäse und Schmand in einer Schüssel glatt rühren. Puderzucker, San Apart®, Vanille-Paste und Zimt-Paste dazu geben und mit dem Schneebesen gut durchrühren. In einen Spritzbeutel füllen und bis zur weiteren Verwendung kühl stellen.

Hip
Hop
Horray

Für die italienische Buttercreme

Eiweiß und Zucker über einem heißen, nicht kochenden Wasserbad auf ca. 70°C erhitzen, dabei immer wieder umrühren, damit das Eiweiß nicht gerinnt. Wenn sich alle Zuckerkristalle gelöst haben, (Probe: die Masse zwischen Daumen & Zeigefinger reiben), die Masse in eine saubere und fettfreie Rührschüssel geben und mit dem Schneebesen kalt schlagen. Wenn die Masse schneeweiß ist und sich feste Spitzen bilden, die Butter in mehreren Portionen langsam unterrühren, bis eine glatte Masse entsteht. In einen Spritzbeutel füllen.

Für die kandierten Möhren

Mit Hilfe eines Sparschälers dünne Längsstreifen von der Möhre abschälen. In einem Topf Wasser und Zucker verrühren. Aufkochen lassen, bis ein Sirup entstanden ist. Die Möhrenstreifen hinzugeben, für ca. 2 Minuten im Sirup kochen, abtropfen und auskühlen lassen. Die einzelnen Streifen auf ein Backblech mit Backpapier legen und bei 100°C (Ober- und Unterhitze) 30 Minuten trocknen lassen. Im Anschluss die noch warmen Möhrenstreifen auf Zahnstocher spiralförmig aufwickeln und bis zur Verwendung zur Seite legen.

Zusammensetzen der Torte

1 Den ersten Boden auf eine Tortenplatte setzen und einen Ring aus Buttercreme am Tortenrand des Bodens auftragen. Mit ca. 0,5 cm Platz dazwischen einen Ring mit der Frischkäse-Schmand-Creme auftragen. Bis zur Mitte wiederholen. Die Zwischenräume mit der Preiselbeermarmelade befüllen. Mit dem zweiten und dritten Tortenboden wiederholen. 1 Stunde kalt stellen.

2 Torte aus dem Kühlschrank nehmen und komplett mit Buttercreme einstreichen. 1 Stunde im Kühlschrank kühlen und erneut mit Buttercreme einstreichen. Weitere 45 Minuten kühlen.

3 Während die Torte kühlt, die Fondant-Möhren herstellen. Fondant weich kneten und in 30 gleichgroße Stücke teilen. Die Stücke jeweils zwischen den Handflächen zu einer Kugel rollen und eine Seite spitz zusammen rollen. Sobald die Möhrenform gefällt, die Möhren auf der Arbeitsfläche weiterformen, damit die Unterseite geglättet wird. Mit einem Messer Rillen in die Karotte drücken.

Für die Dekoration

Auf die Torte mittig ringsherum die Fondant-Möhren mit etwas Buttercreme als Kleber andrücken und nochmals ca. 30 Minuten kalt stellen. Die restliche Buttercreme in einen Spritzbeutel füllen, Spitze abschneiden. Oben und unten am Rand großzügig Buttercreme auftragen, hierbei die Mitte aussparen. Den Rand vorsichtig mit einer Teigkarte abziehen und darauf achten, dass die dekorierte Mitte frei bleibt. Die Torte erneut ca. 30 Minuten kaltstellen.

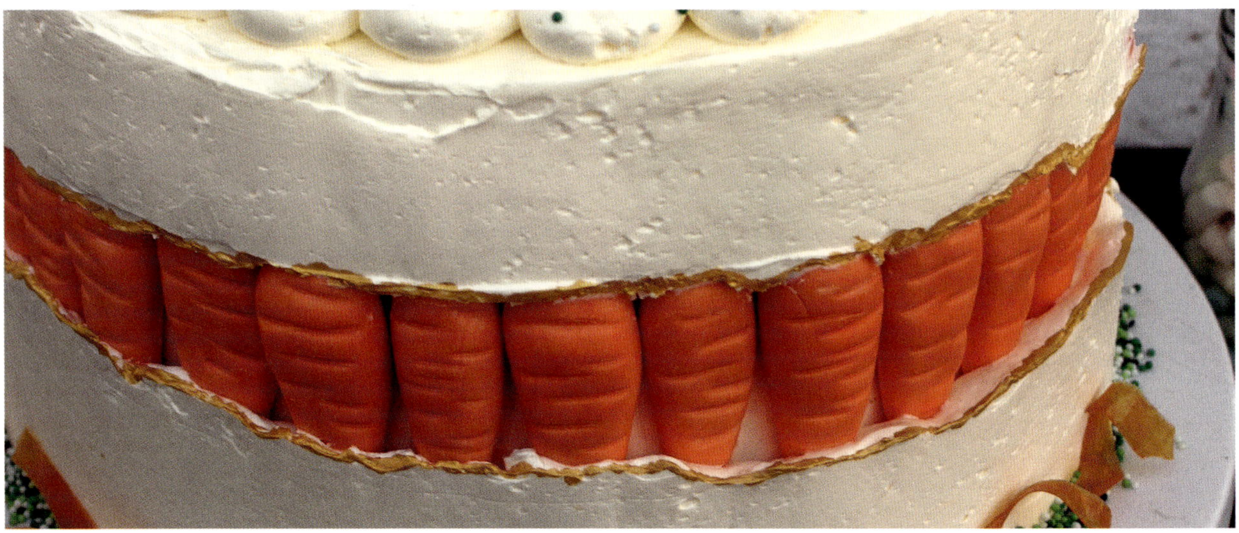

Zum Schluss mit Buttercremetupfen, Streuseln und den kandierten Möhrenstreifen dekorieren. Für einen weiteren Hingucker kann noch ober- und unterhalb der Möhren der Buttercremerand mit goldener Lebensmittelfarbe bepinselt werden.

TIPP

Die möhrenstarken Topper kannst Du dir downloaden und ausdrucken (siehe Impressum Seite 108).

OSTERNESTKEKSE
GANZ IN PASTELL

ZUTATEN
30 Stück

FÜR DEN KEKSTEIG
- 400 g Mehl
- 175 g Puderzucker
- 1 Prise Salz
- 1 Ei
- 125 g Butter
- 60 ml Milch

FÜR DAS CREMENEST
- 450 g Frischkäse
- 3 TL Vanille-Paste
- 3 EL Zitronensaft
- 6 EL Puderzucker
- 20gr Kokosflocken (geröstet)
- 100 g Himbeermarmelade

DEKORATION
- 20 g Mini-Marschmallos
- ca. 90 Schokoladen Ostereier

1 Alle Zutaten für den Keksteig in eine große Schüssel geben und solange mit den Händen oder der Küchenmaschine verkneten, bis ein geschmeidiger und gleichmäßiger Teig entstanden ist. Den Teig in Frischhaltefolie wickeln und ca. 30 Minuten in den Kühlschrank legen.

2 Backofen auf 180°C (Ober- und Unterhitze) vorheizen.

3 Teig noch einmal kurz durchkneten und auf einer leicht bemehlten Arbeitsfläche 4–5 mm dick ausrollen. Mit einen Kreisausstecher Ø 6 cm Kekskreise ausstechen, auf ein Backblech mit Backpapier legen und ca. 17–20 Minuten goldgelb backen. Auskühlen lassen.

5 **Für die Creme** den Frischkäse, Vanille-Paste, Zitronensaft und Puderzucker so kurz wie möglich miteinander verrühren und in einen Spritzbeutel geben. Ringförmig auf die Kekse spritzen und einen Klecks Marmelade in die Mitte geben. Für die Nestoptik den Cremerand mit Kokosraspeln dekorieren. Als Rand Mini-Marshmallows drumherum setzten. Zum Schluss Schokoladen Ostereier in die Mitte setzten.

SCHOKOLADEN-KIRSCH-CLAFOUTIS

GRÜSSE AUS FRANKREICH

ZUTATEN

Für eine Tarteform Ø 26 cm,
12 Stück

FÜR DEN TEIG

- 1 Glas Sauerkirschen (350 g)
- 30 g Butter (flüssig) und etwas für die Form
- 4 Eier (M)
- 1 TL Vanille-Paste
- 100 g Zucker und 2 EL für die Form
- 1 TL Zimt-Paste
- 230 g Milch
- 80 g Mehl
- 20 g Backkakao

DEKORATION

- Etwas Puderzucker zum bestäuben
- 10 g Goldperlen -soft-
- 20 g Mini-Kekse Lebkuchenmännchen
- 10 g Silber-Zauber „Schneeflocken"

1 Den Backofen auf 180°C (Ober- und Unterhitze) vorheizen.

2 Die Form mit etwas Butter einfetten und mit 2 EL Zucker ausstreuen. Die Kirschen in einem Sieb abtropfen lassen und beiseitestellen.

3 Eier, Vanille-Paste, Zucker, Zimt-Paste und Milch mit einem Schneebesen in einer großen Schüssel verquirlen. Anschließend Mehl und Backkakao hineinrühren, bis ein glatter, klümpchenfreier Teig entstanden ist.

4 Kirschen in die Form geben und den Teig darauf gießen. Auf mittlerer Schiene im Backofen ca. 45 Minuten backen.

6 Nach dem Auskühlen die Zimtkirsch-Clafoutis mit Puderzucker, Goldperlen, Lebkuchenmännchen und Schneesternen dekorieren.

HOT CHOCOLATE TORTE

KAKAO MAL ANDERS

ZUTATEN

Für Backform Ø 20 cm,
12–14 Stück

Für den Teig

- 260 g Mehl
- 400 g Zucker
- 85 g Backkakao
- 2 TL Backpulver
- ½ TL Salz
- 2 Eier (L)
- 240 ml Milch
- 240 ml Sonnenblumenöl
- 2 TL Vanille-Paste
- 240 ml heißes Wasser

FÜR DIE HOT-CHOCOLATE-CREMEFÜLLUNG

- 60 ml heißes Wasser
- 85 g Trinkkakao
- 500 g weiche Butter
- 500 g Puderzucker
- 15 g Backkakao

FÜR DIE MARSHMALLOW-FÜLLUNG

- 100 g Butter
- 100 g Puderzucker
- 200 g Marshmallow-Fluff

DEKORATION

- 150 g Vanilleglasur
- 30 g Mini-Marshmallows bunt
- 20 g Mini-Kekse Lebkuchenmännchen
- 10 g Set Silber-Zauber „Schneeflocken"
- 8 große Marshmallows

Für den Teig

1 Backofen auf 160°C (Ober- und Unterhitze) vorheizen. Den Boden der Form mit Backpapier auslegen. Eine geschlossene Form benutzen, da der Teig sehr flüssig ist.

2 Mehl, Zucker, Backkakao, Backpulver und Salz in einer großen Schüssel mischen. Eier, Milch, Öl und Vanille-Paste unterrühren. Zum Schluss das heiße Wasser einrühren.

3 Den Teig in die vorbereitete Backform gießen und im Backofen für ca. 1 Stunde und 30 Minuten backen. Stäbchenprobe machen. Nach dem Auskühlen den Kuchen in 3 Böden teilen.

Für die Hot-Chocolate-Füllung

1 Den Trinkkakao mit heißem Wasser klümpchenfrei verrühren.

2 Die Butter hellcremig mit dem Schneebesen des Rührgeräts aufschlagen. Dann den Puderzucker und den Backkakao dazu geben und unterrühren.

Für die Marshmallow Creme Füllung

1 Die Butter hellcremig mit dem Schneebesen des Rührgeräts aufschlagen. Puderzucker und Marshmallow-Fluff dazu geben und unterrühren. Beiseitestellen.

Zusammensetzen der Torte

1 Den ersten Boden auf eine Tortenplatte setzen und mit 1/3 der Hot-Chocolate-Creme bestreichen, darauf die erste Hälfte der Marshmallow-Creme streichen. Den zweiten Boden daraufsetzen und den Schritt wiederholen. Dritten Boden daraufsetzen und für 30–45 Minuten kalt stellen.

2 Nach der Kühlzeit die Torte mit der restlichen Hot-Chocolate-Creme einstreichen. Für mind. 2 Stunden in den Kühlschrank stellen.

3 Die Vanilleglasur nach Packungsanleitung erwärmen. Mit einem Löffel am Rand herunterlaufen lassen. Rest der Glasur in die Mitte geben und glattstreichen. Sofort mit kleinen und großen Marshmallows, Lebkuchenmännchen und Schneesternen dekorieren.

4 Die Torte bis zum Servieren kühl stellen.

STREUSELIGE WEIHNACHTSKEKSE
1 TEIG – 6 VERSCHIEDENE KEKSE

ZUTATEN
Für 50 Stück

Für den Grundteig
- 650 g Mehl
- 200 g Puderzucker
- 350 g weiche Butter
- 1 Prise Salz
- 2 Eier
- 2 TL Vanille-Paste

ZUTATEN FÜR DIE EINZELNEN TEIGE
- 2 EL Rote Beete Saft
- 2 EL Cranberrys
- 2 EL Mehl
- 2 EL Backkakao
- 2 EL Pistazien, gemahlen
- 2 EL Mandeln, gemahlen
- 1 TL Vanille-Paste
- 8 TL Waldfruchtmarmelade
- 1 TL Zimt
- 50 g Nuss-Nougat

ZUBEREITUNG GRUNDTEIG
1 Alle Zutaten für den Keksteig in eine große Schüssel geben und verkneten, bis ein geschmeidiger Teig entstanden ist. Den Teig in Frischhaltefolie wickeln und ca. 30 Minuten in den Kühlschrank legen.

2 Den Teig in 6 gleichmäßige Portionen teilen. Die einzelnen Portionen werden nun mit einigen zusätzlichen Zutaten verknetet und verarbeitet.

ROSA CRANBERRY KEKSE
(13 STÜCK)

- 1 Portion Grundteig
- 2 EL Rote Bete Saft
- 2 EL Cranberrys, gehackt
- 2 EL Mehl
- 20 g Vanilleglasur
- 20 g Lieblingsstreusel Mix Winter Wonderland

Eine Portion Grundteig mit dem Rote Bete Saft, Cranberrys und Mehl verkneten. Zu einer Rolle formen, in Folie einpacken und 20 Minuten ins Gefrierfach geben. Dann mit einem scharfen Messer in ca. 1–1,5 dicke Scheiben schneiden und diese auf ein mit Backpapier belegtes Backblech setzen. Im vorgeheizten Backofen bei 175°C (Ober- und Unterhitze) 15–20 Minuten backen.
Nach dem Auskühlen mit Vanilleglasur und Streuseln dekorieren.

SCHWARZ-WEISS GEBÄCK

- 1 Portion Grundteig
- 20 g Haselnussglasur
- 20 g Lieblingsstreusel So Blue
- 2 EL Backkakao

Grundteig halbieren und in eine Hälfte das Kakaopulver einkneten. Beide Teige kurz miteinander verkneten, einpacken und 30 Minuten im Kühlschrank ruhen lassen.
Den Teig nach der Kühlzeit weich kneten und auf eine Dicke von ca. 1 cm ausrollen. Mit einem Ausstecher Kekse ausstechen und auf ein mit Backpapier belegtes Backblech setzen. Im vorgeheizten Backofen bei 175°C (Ober- und Unterhitze) 12–15 Minuten backen. Die ausgekühlten Kekse mit Glasur und Streuseln dekorieren.

PISTAZIEN AUGEN
(13 STÜCK)

- 1 Portion Grundteig
- 2 EL Pistazien, gemahlen
- 50 g Kuchenglasur grün
- 20 g Lieblingsstreuselmix KnallKonfetti

Eine Portion Grundteig mit dem Pistazien verkneten. Zu einer Rolle formen und mit einem Messer in ca. 1,5 cm dicke Scheiben schneiden. Diese zu Kugeln rollen und auf ein mit Backpapier belegtes Backblech setzen. Mit dem Stielende eines Holzkochlöffels mittig ein tiefes Loch eindrücken. Im vorgeheizten Backofen bei 175°C (Ober- und Unterhitze) 15–20 Minuten backen. Auskühlen lassen. Die Glasur nach Packungsanleitung schmelzen. In die Mulde der Kekse einen Klecks Glasur geben. Kekse mit der unteren Seite in die Glasur tunken und in die bunten Streusel drücken. Auf ein Backpapier setzen und trocknen lassen.

MANDEL-KIPFERL
(13 STÜCK)

- 2 EL Mandeln, gemahlen
- 1 TL Vanille-Paste
- 100 g Edelbitter-Glasur
- 20 g Lieblingsstreuselmix Silver Queen

Eine Portion Grundteig mit den Mandeln und der Vanille verkneten. Nach der Kühlzeit kurz weich kneten und zu einer Rolle rollen. Mit einem Messer in ca. 1,5cm dicke Scheiben schneiden, diese zu Kugeln und anschließend zu Kipferl rollen. Die Kipferl auf ein mit Backpapier belegtes Backblech setzen und im vorgeheizten Backofen bei 175°C (Ober- und Unterhitze) 20 Minuten backen. Auskühlen lassen. Glasur nach Packungsanleitung schmelzen, Enden der Kipferl eintauchen, auf ein Backpapier legen, mit Streusel dekorieren und die Glasur fest werden lassen.

MARMELADEN HERZEN
(8 STÜCK)

- 8 TL Waldfruchtmarmelade
- 50 g Vanilleglasur
- 50 g Lieblingsstreuselmix Pink Love

Eine Portion Grundteig durchkneten und mit einem Herz-Ausstecher Herzen ausstechen und auf ein mit Backpapier belegtes Backblech setzen. Bei der Hälfte der Herzen mit einem kleineren Herz-Ausstecher ein Loch in der Mitte ausstechen. Einen Klecks Marmelade auf einen Herzkeks ohne Loch geben und einen Herzkeks mit Loch darauf setzen. Bei 175°C (Ober- und Unterhitze) 20–25 Minuten backen. Wenn alle Plätzchen ausgekühlt sind, mit Vanilleglasur und Streuseln dekorieren.

NOUGAT ZIMT PULLOVER
(4 STÜCK)

- 1 TL Zimt
- 50 g Nuss-Nougat
- 50 g Vanilleglasur
- 50 g Lieblingsstreusel Mix Winter Wonderland

Eine Portion Grundteig mit Zimt verkneten und auf eine Stärke von ca. 1 cm ausrollen. Mit einem Pullover-Ausstecher 8 Kekse ausstechen und bei der Hälfte der Pullover mit einem kleineren Ausstechen ein Loch in der Mitte ausstechen. Auf ein mit Backpapier belegtes Backblech setzen. Im vorgeheizten Backofen bei 175°C (Ober- und Unterhitze) 12–15 Minuten backen. Sobald alle Kekse ausgekühlt sind, das Nuss-Nougat leicht erwärmen, einen Klecks auf einen Keks ohne Loch geben und einen Keks mit Loch darauf setzen.

SCHOKOLADENTORTE ZUM GEBURTSTAG

MIT NUSSNOUGAT FÜLLUNG

ZUTATEN

Für eine Springform 2 x Ø 20 cm, 12 Stück

FÜR DIE SCHOKOLADENBÖDEN

- 10 Eier
- 300 g Zucker
- 180 g Mehl
- 80 g Kakao
- 50 g Speisestärke
- 70 g Öl
- 70 g Milch
- 1 Prise Salz

SCHOKOLADEN-NUSS-NOUGAT FÜLLUNG

- 200 g Sahne
- 1 Pck Sahnesteif
- 250 g Nuss-Nougat
- 200 g Frischkäse
- 2 EL Kakao
- 3 TL San Apart®

FÜR DIE SCHOKOLADEN-BUTTERCREME

- 300 g Butter
- 400 g gesüßte Kondensmilch
- 150 g Zartbitterschokolade
- 2 TL Vanille-Paste

DEKORATION

- 10 g Goldperlen -soft-
- 10 g Perlmuttperlen -soft-
- Silberperlen -soft-
- Zucker Herzen
- Zucker Einhörner
- Zucker Perlchen
- Drachen Perlchen
- Mini-Butterkekse

Den Backofen auf 175°C (Ober- und Unterhitze) vorheizen. Den Boden der Springformen mit Backpapier auslegen.

1 **Für die Schokoladenboden** die Eier mit dem Zucker 10 Minuten mit dem Schneebesen des Handrührgeräts oder mit der Küchenmaschiene dickcremig aufschlagen.

2 Mehl, Kakao und Stärke vermischen und über die Eiermasse sieben.
Die Mehlmischung vorsichtig von Hand mit einem Schneebesen unterheben. Die Milch dazugeben und unterheben. Den Teig in die vorbereiteten Backformen geben und für ca. 35 bis 40 Minuten backen. Stäbchenprobe machen. Böden auskühlen lassen, aus den Formen lösen und jeweils einmal waagrecht durchschneiden.

Für die Schokoladen-Nuss-Nugat Füllung die Sahne mit dem Sahnesteif steif schlagen. Nuss-Nougat streichfähig erwärmen und zusammen mit dem Frischkäse und Kakao verrühren. Die geschlagene Sahne und San Apart® unterheben. In den Kühlschrank stellen.

1 **Für die Schokoladen-Buttercreme** die Schokolade in der Mikrowelle in kurzen Intervallen oder über einem heißen Wasserbad schmelzen. Abkühlen lassen.

2 Die Butter hellcremig aufschlagen. Die Kondensmilch dazu geben und weitere 5 Minuten schlagen, bis sich alles gut verbunden hat. Die abgekühlte aber noch flüssige Schokolade einrühren, San Apart® dazu geben und gut verrühren. In einen Spritzbeutel füllen und bis zur Verwendung kühl stellen.

Zusammensetzung der Torte

1 Den ersten Boden auf eine Tortenplatte setzen. Auf den Rand einen Ring aus Schokoladen-Buttercreme auftragen. Die Mitte komplett mit der Nuss-Nougat Füllung füllen. Mit dem zweiten und dritten Boden wiederholen. Die Torte 30 Minuten in den Kühlschrank stellen.

2 Torte aus dem Kühlschrank nehmen und dünn komplett mit der Schokoladen- Buttercreme einstreichen. 30 Minuten im Kühlschrank kühlen, nochmals mit Buttercreme einstreichen und mit einer Teigkarte (z.B. mit Wellen) glatt abziehen.

3 Restliche Buttercreme in einen Spritzbeutel mit Sterntülle füllen und mit kreisenden Bewegungen am Tortenrand entlang spritzen.

4 Die Zuckerstreusel und Perlen mischen. Die Mischung unten und oben am Rand der Torte verteilen. Zusätzlich noch weitere Details mit den Mini-Butterkeksen setzen.

Willst du mein Valentin sein?
VON:
Willst du mein Valentin sein?
Willst du mein Valentin sein?
VON:

OREO® CAKE BALLS ZUM VALENTINSTAG
PERFEKT ZUM VERSCHENKEN

ZUTATEN
Für 15 Stück

- 308 g Oreo® Kekse
- 75 g Frischkäse (Doppelrahmstufe)

DEKORATION
- 150 g Vollmilchglasur
- 10 g Elfen-Perlchen
- 20 g Zucker-Herzen

1 Die Oreo® Kekse in feine Krümel zerkleinern, z. B. in einem Multizerkleinerer oder die Kekse in einen Gefrierbeutel geben und mit einem Nudelholz darüber rollen.

2 Den Krümelmix in einer Schale mit dem Frischkäse vermengen, bis ein gleichmäßiger Teig entstanden ist. Hierzu Einweghandschuhe benutzen, dann klebt der Teig nicht so an den Händen.

3 Den Teig zu Kugeln (ca. 28 g pro Stück) formen und die Cake Balls für mindestens 30 Minuten im Kühlschrank fest werden lassen.

4 In der Zwischenzeit die Glasur nach Packungsanleitung schmelzen und die Zuckerstreusel bereit stellen.

5 Den ersten Cake Ball in die Schokolade geben und mit einer Gabel aus der Schokolade heben, etwas abtropfen lassen und auf ein Backpapier legen. Mit Elfen-Perlchen und Zucker-Herzen bestreuen. Wiederhole diesen Schritt mit allen weiteren Cake Balls. Die Cake Balls bis zum verschenken oder selbst vernaschen im Kühlschrank aufbewahren. Die fertigen Cake Balls halten sich bis zu einer Woche im Kühlschrank.

TIPP
Die lustige Karte kannst Du downloaden und ausdrucken (siehe Impressum Seite 108).

PROSECCO-TORTE ZUM GEBURTSTAG
MIT ÜBERRASCHUNG IM INNEREN

ZUTATEN

Für Backform Ø 25 cm,
12–14 Stück

FÜR DEN TEIG

- 250 g Butter
- 400 g Zucker
- 2 TL Vanille-Paste
- 4 Eier (M)
- 3 TL Backpulver
- 1 TL Natron
- 800 g Mehl
- 200 g Schmand
- 250 ml Prosecco

FÜR DIE BUTTERCREME & FRUCHTFÜLLUNG

- 270 g Eiweiß
- 420 g Zucker
- 750 g weiche Butter
- 180 g Himbeermarmelade

DEKORATION

- 50 g Goldperlen
- 50 g Silberperlen
- 1 Dose 110g Lieblingsstreusel KnallKonfetti
- 20 g Mini Marshmallows
- 10 g Zucker Einhörner

Für den Teig

1 Backofen auf 175°C (Ober- und Unterhitze) vorheizen und den Boden der Form mit Backpapier auslegen.

2 Butter, Zucker und Vanille-Paste hellcremig aufschlagen. Die Eier nacheinander dazugeben und einrühren. Mehl, Backpulver, Natron und Salz mischen und abwechselnd mit Prosecco und Schmand zu der Butter-Zucker Masse geben. Gut vermischen.

3 Teig in die vorbereitete Backform geben, glattstreichen und im Backofen für ca. 1 Stunde und 30 Minuten backen. Nach dem Auskühlen den Tortenboden in 3 Böden teilen.

Für die Buttercreme

Eiweiß mit Zucker über einem heißen Wasserbad auf ca. 70°C erhitzen. Dabei immer wieder umrühren, damit das Eiweiß nicht gerinnt. Wenn sich alle Zuckerkristalle gelöst haben, die Masse in eine saubere und fettfreie Rührschüssel geben und mit dem Schneebesen kalt schlagen.

Wenn die Masse schneeweiß ist und sich feste Spitzen bilden, die Butter in mehreren Portionen unterrühren, bis eine glatte Masse entsteht.

Zusammensetzen der Torte

1 Einen Boden auf eine Tortenplatte setzen und mittig ein Loch ausstechen. Boden mit Marmelade bestreichen und eine Schicht Buttercreme auftragen. Mit dem zweiten Boden wiederholen. Das entstandene Loch mit Zuckerperlen füllen und den dritten Boden daraufsetzen. Torte 1 Stunde in den Kühlschrank stellen.

2 Torte aus dem Kühlschrank nehmen und mit Buttercreme einstreichen. 30 Minuten im Kühlschrank kühlen und nochmals mit Buttercreme einstreichen.

3 Die Buttercreme in Spritzbeutel mit verschiedenen Tüllen füllen und als Kranz Tupfen auf die Torte spritzen.

4 Mit Zucker-Perlen bunte Highlights auf die Tupfen setzten.

KUCHENMÄUSE-TORTE
MIT SCHOKOLADE UND KIRSCHEN

ZUTATEN
Für eine Springform Ø 26 cm,
12 Stück

FÜR DEN TEIG
- 250 g Butter
- 400 g Zucker
- 3 Eier
- 400 ml Buttermilch
- 100 g Backkakao
- 600 g Mehl
- ½ TL Natron
- 1 Glas Sauerkirschen (Abtropfgewicht 350 g)

DEKORATION
- 150 g Kakaoglasur
- 100 g Sahne
- 20 g Zucker-Perlchen
- 20 g Goldperlen -soft-
- 12 Schaumzuckermäuse
- Goldtaler (optional)
- Kuchenkerzen (optional)
- Geldscheine (optional)

1 Den Backofen auf 175°C (Ober- und Unterhitze) vorheizen. Den Boden der Springform mit Backpapier auslegen. Die Kirschen abtropfen lassen und beiseitestellen.

2 Die weiche Butter mit dem Zucker weißcremig mit dem Schneebesen des Handrührgerätes oder der Kuchenmaschine aufschlagen. Eier nacheinander dazu geben und unterrühren.

3 Mehl, Backkakao und Natron vermischen und abwechselnd mit der Buttermilch unter Rühren zur Butter-Ei-Mischung geben. Nur so lange rühren, bis sich alle Zutaten gut vermischt haben. Zum Schluss die Kirschen unterheben.

4 Den Teig in die vorbereitete Springform geben und den Kuchen 1 h 25 Minuten backen. Auskühlen lassen.

5 Die Kakaoglasur nach Packungsanleitung schmelzen und die Sahne einrühren. Über dem Kuchen verteilen und mit den Streuseln und den Schaumzuckermäusen dekorieren.

WEITERE TOLLE EMPFEHLUNGEN FÜR DICH

ISBN 978-3-7724-7289-3

ISBN 978-3-7724-4571-2

ISBN 978-3-7724-4882-9

ISBN 978-3-7724-6857-5

GTIN 4007742182175

GTIN 4007742182182

ISBN 978-3-7724-4521-7

ISBN 978-3-7724-4604-7

ISBN 978-3-7724-4538-5

#TOPPPROJEKT

Die eigene Kreativität zeigen: TOPPprojekt mit anderen Kreativen teilen und Teil der Gemeinschaft werden.

DIY-begeistert und auf Instagram? Dann unbedingt mitmachen! Hier gibt's Tipps und Feedback zu den eigenen Projekten. Außerdem verlosen wir jeden Monat ein Überraschungspaket. Um am Gewinnspiel teilzunehmen, einfach ein Bild vom Kreativ-Projekt aus unseren Büchern mit #TOPPprojekt posten und unserem Account @frechverlag folgen. Mehr Infos auf TOPP-kreativ.de/TOPPprojekt

WEBSITE
Auf TOPP-kreativ.de kannst du ein riesiges Angebot von über 1.000 Kreativbüchern, Sets & mehr entdecken.

NEWSLETTER
Gleich anmelden unter: TOPP-kreativ.de/newsletter und immer als Erstes von unseren Neuheiten und Sonderaktionen erfahren.

INSTAGRAM
@frechverlag

PINTEREST
pinterest.com/frechverlag

FACEBOOK
facebook.com/frechverlag

DIGIBIB
Hier findest du zusätzlich zu vielen unserer Bücher digitale Extras, wie Video-Tutorials, Plotter-Dateien, Vorlagen, Übungsblätter & vieles mehr. Einfach im Impressum deines TOPP-Buchs den Freischalte-Code nachschlagen und exklusive Inhalte freischalten. TOPP-kreativ.de/digibib

YOUTUBE
youtube.com/frechverlag

WER WIR SIND, WIE WIR ARBEITEN, WAS WIR LIEBEN

Auf Instagram, Facebook und Pinterest findest du mehr über uns und unsere Arbeit und wirst immer schnell und einfach mit den neuesten Infos versorgt.

ALLE NEWS, ALLE INFOS UND ALLE LINKS FINDEST DU AUF WWW.TOPP-KREATIV.DE

AUTORENVITA

Wenn **Jenny Kühn** nicht gerade in Ihrer Backküche steht und neue Rezepte für ihren Blog „Muffin Queen" austüftelt, dann gibt sie womöglich gerade einen Kinder Party Backkurs oder einen Backkurs für Erwachsene in Ihrem Heimatort Neuenhagen bei Berlin.
Alles fing 2011 mit einem Cupcake Backbuch aus Amerika an und die Begeisterung und Freude fand keinen Abbruch mehr. Bereits 2013 nahm Jenny an einer der ersten Backshows bei dem TV Sender VOX teil. Danach folgten weitere TV-Autritte bei RTL, RTL2 und ODF. In regionalen Zeitungen werden auch regelmäßig Rezepte von ihr veröffentlicht und ihre Pop Bakery´s erfreuen sich größter Beliebtheit.

IMPRESSUM

Kreativ-Hotline
Hilfestellung zu allen Fragen, die Materialien und Bücher zu kreativen Hobbys betreffen:
Frau Erika Noll berät euch. Ruf an oder schreib eine E-Mail!

Telefon: 0711 / 123 757 20*
*normale Telefongebühren

E-Mail: mail@kreativ-service.info

Vorlagen-Download in der TOPP-Bibliothek unter **www.topp-kreativ.de/digibib**
Der Freischalt-Code für die Vorlagen lautet **17382**

Rezepte und Fotos: Jenny Kühn
Illustrationen und Downloadvorlagen: Christin Stapff
Projektmanagement und Lektorat: Tanja Kasten, Nicole Benzinger
Covergestaltung: Tatjana Weiß
Herstellung und Layout: Jessica Siebert
Satz: Bachmann Design, Weinheim
Druck & Bindung: PNB Print Ltd, Lettland

1. Auflage 2021

ISBN 978-3-7724-8074-4
Best.-Nr. 8074